Georg Reider

Lass die Seele für dich sorgen

Georg Reider

Lass die Seele für dich sorgen

Entlastend glauben, achtsam leben

KREUZ

MIX
Papier aus verantwortungsvollen Quellen
FSC® C083411

www.kreuz-verlag.de

Umschlaggestaltung: agentur Idee
Umschlagmotiv: © shutterstock
Autorenfoto: © Hanna Battisti

Satz: de·te·pe, Aalen
Herstellung: CPI books GmbH, Leck

Printed in Germany

ISBN 978-3-451-61186-5

Inhalt

Übungen für die Seele

Vorwort

Seele, Glauben und Achtsamkeit. Auf den ersten Blick fragen Sie sich, liebe Leserin, lieber Leser, was diese miteinander zu tun haben. Achtsamkeit ist ein sehr moderner Begriff; Glaube und Seele scheinen eher abgegriffen und werden in Bereichen verwendet – Spiritualität, Kirchen und Esoterik –, die heute oft suspekt erscheinen.

Seit vielen Jahren beschäftige ich mich in meiner Arbeit als Seelsorger und Berater mit diesen Bereichen. Aufgrund dieser Erfahrung ist die Überzeugung gewachsen, dass dieses Begriffsdreigespann große Bedeutung für unser Leben haben kann, sofern diese Begriffe die Sehnsucht nach Sinn und Tiefe ansprechen. Die Kombination von Seele, Glauben und Achtsamkeit fasziniert, daher habe ich mich damit auseinandergesetzt. Entstanden ist daraus dieses Buch über Seele, die trägt, über Glauben, der entlastet, und Achtsamkeit, die einen besonderen Zugang zum Leben eröffnet.

Mitten in den Ansprüchen des privaten, öffentlichen und beruflichen Lebens sehnen wir uns nach Entlastung, nach Tiefe oder Sinn, um unser Leben in einen Horizont zu stellen, der Kraft und Freude zu seiner Gestaltung gibt.

Glauben ist in diesen Überlegungen nicht etwas Vorgegebenes, sondern innere Wahrnehmung; ein Prozess, den wir auch steuern können und müssen.

Seele und Achtsamkeit sind für die Beschreibung und Einübung des Glaubens als innerer Prozess und menschliche Fähigkeit unverzichtbar. Seele ist ein umstrittener und schwer definierbarer Begriff: Humanistische und Transpersonale Psychologie verwenden das Wort Seele synonym zu jenem des Selbst; Theologie, Medizin und die meisten psychologischen Schulen verwenden den Begriff überhaupt nicht (mehr). Jenseits der Esoterik-Verdächtigungen und des Missbrauchs, den das Wort Seele erfährt, transportiert die Verwendung des Wortes Gedanken, Gefühle und Bilder, die das wesentlich Menschliche anrühren und bewusst machen.

So ist der Begriff der Seele eigentlich nicht ersetzbar durch die Worte Selbst, Persönlichkeit oder Unbewusstes, wiewohl diese Teile und Aspekte der Seele bezeichnen und uns helfen, bestimmte Funktionen der Seele besser zu verstehen.

Wenn Seele als Weite, als Antenne für die Höhe und Tiefe der Wirklichkeit beschrieben und erlebt wird, sprechen wir damit eine Fähigkeit unseres Lebens an, die uns das Empfinden für Sicherheit und Perspektive liefern kann. Dann wird Seele etwas Tragendes und Bergendes.

Der zweite Begriff, mit dem ich in diesen Überlegungen die Entfaltung des Glaubens beschreiben möchte, ist die Achtsamkeit. Achtsamkeit bedeutet, kurz vorweggenommen, aufmerksame und vorurteilslose Wahrnehmung dessen, was über die Sinne, die Gedanken und Gefühle in unser Bewusstsein fließt.

Achtsamkeit gibt uns die Möglichkeit, unsere Wahrnehmung zu betrachten und für das, was sie auslöst, Verantwortung zu übernehmen. Dadurch fördern wir Selbstständigkeit, Freiheit und Entwicklung.

Im Lauf meines Lebens und meiner Arbeit habe ich immer mehr erkannt, wie wichtig es ist, Glauben und religiöses Engagement unter der Perspektive der seelischen Bedingungen, als Entlastung und Achtsamkeit zu reflektieren und zu gestalten.

Dazu hat mich meine religiöse Biografie mit zwei Ideengebern und Reformatoren des Christentums in Kontakt gebracht: Franziskus und Luther. Beide Persönlichkeiten sind ein Beispiel außerordentlichen Engagements und authentischen Glaubens; ich bin dankbar, dass mein religiöser Lebensweg durch diese Gestalten in je eigener Weise angeregt und vertieft wurde. Franziskus hat der Kirche durch seine unbedingte Solidarität und die Entdeckung des Evangeliums einen Reformimpuls geliefert; Luther hat die Kirche durch eine kritische Solidarität herausgefordert und reformiert. Die Tiefe ihres Lebens und die Spuren, die beide hinterlassen haben, sind für mich ein Hinweis, dass es beide Formen des Engagements und der Erneuerung braucht: bedingungslose und kritische Solidarität.

Glauben als innere Erfahrung wurde durch die Reformation neu bedacht. Mit dem *sola fide* (nur der Glaube) und dem *sola gratia* (nur die Gnade) wurde der Glaubensakt personalisiert. Auf die biblische Botschaft und das eigene Ringen aufbauend, hat Luther den Akt des Glaubens neu gedeutet und durch die theologische Eigenart der Reflexion einen unschätzbaren Beitrag für die Entwicklung des Christentums geliefert.

In einer Zeit, in der sich so vieles so schnell verändert, ringen die Kirchen um authentische Reformmuster, und es ist sekundär, aus welcher Kirche Ansätze für religiös-christliche Erneuerung und Vertiefung kommen. Wichtig ist, dass sie dem Menschen dienen und ihn bei der Suche nach dem Sinn des Lebens unterstützen.

Dieses Buch widmet sich vier Hauptthemen: Seele, Religion, Glauben und mögliche Auswirkungen des Glaubens auf die Gestaltung und Bewältigung des Lebens.

Ein Buch ist immer das Ergebnis von Entscheidungen und Einschränkungen und kann nur hinweisen und anregen: zum Weiterdenken und Weiterfühlen, vor allem zum Tun und zum Engagement. Als Beispiel und Hilfe dafür werden »Übungen für die Seele« eingefügt.

Viele Menschen haben mich im Entstehen dieses Buches begleitet.

Der Pfarrer der Evangelisch-Lutherischen Gemeinde in Bozen, Dr. Marcus Friedrich, hat den Kontakt zum Verlag und zur Lektorin, Frau Evamaria Bohle, hergestellt. In vielen anregenden und brüderlichen Gesprächen ist er mir nach der Konversion zu einem guten Begleiter geworden und hat auch die Entstehung des Buches immer wieder mit Anregungen, Fragen und Hinweisen gefördert.

Meine Partnerin hat die Entwicklung des Buches – vom Exposé bis zum letzten Kapitel – begleitet. Unzählige inhaltliche Anregungen und viele Textverbesserungen habe ich ihr zu verdanken.

Nicht zuletzt gilt dem Kreuz Verlag ein großer Dank für die Aufnahme meines Buchvorschlages in das Verlagsprogramm. Frau Evamaria Bohle hat den Weg des Buches mit Geduld, aber auch mutigen Anfragen und Forderungen begleitet. An ihren Änderungsvorschlägen habe ich immer wieder große sprachliche und theologische Kompetenz wahrgenommen.

Allen gilt mein herzlicher Dank.

I.

Seele als Chiffre der inneren Sehnsucht

Wir sind heute in einer Situation, in der wir über uns selbst und die Welt immer mehr wissen und immer genauere Instrumente entwickeln, um unsere Lebensräume zu analysieren, zu beschreiben und zu gestalten. Gleichzeitig werden wir aber mehr und mehr einer Wirklichkeit gewahr, die sich uns und dem Messbaren entzieht. Zu dieser Wirklichkeit gehört die Seele; ein Wortbild, das in den letzten Jahrzehnten erneut in die Sprache und damit in das Bewusstsein der Menschen zurückgekehrt ist. Nachdem eine vorwiegend materialistische Deutung des Lebens, die mit der Vorherrschaft naturwissenschaftlichen Denkens einhergeht, den Begriff der Seele zu Beginn des 19. Jahrhunderts verdrängt hatte, gewinnt er jetzt wieder an Bedeutung und scheint wie ein Sog Suche und Sehnsucht des Menschen unserer Zeit anzuziehen. Der Begriff ›Seele‹ wird zum Kürzel für die Wahrnehmung der Weite und Tiefe unseres Lebens und für die Sehnsucht, die diese erzeugen. Leider bewirkt die Inflation des Seelenbegriffs aber auch Unschärfen und gegensätzliche Vorstellungen darüber, was man darunter verstehen kann. Mitunter wird er missbraucht, wenn er als Blickfänger auf den Buchcovern erscheint, im Buch selber dann eigentlich nicht mehr vorkommt oder nur oberflächlich behandelt wird.

Auch in diesem Buch geht es nicht darum, Seele zu definieren, denn dies ist grundsätzlich weder sinnvoll noch möglich. Ich werde mich beschreibend mit der Sehnsucht beschäftigen, die sich hinter der Chiffre Seele verbirgt. Diese Beschreibung will Zugangsmöglichkeiten zum Seelischen aufzeigen und dadurch verständlicher machen, was es heißt, Seele zu erfahren, Seele zu verlieren, Seele zu gewinnen und Seele zu pflegen.

Wie wirklich Seele ist

Trotz der Tatsache, dass Seele nicht greifbar und messbar ist, waren die Menschen von der Idee, die mit dem Begriff Seele verbunden ist, immer fasziniert und haben von ihren Wirklichkeiten und ihrem Funktionieren verschiedene, teils gegensätzliche Vorstellungen entwickelt. Man kann zwei Hauptrichtungen unterscheiden:

Die einen behaupten, dass Seele eine von der Materie getrennte Wirklichkeit sei und grundsätzlich auch ohne Materie bzw. Körper existieren und leben könne. Diese beziehen sich auf den griechischen Philosophen Platon.

Die Gegenrichtung ist der Auffassung, dass man Seele nicht getrennt von der Materie sehen könne. Diese haben Aristoteles, einen Schüler Platons, als Gewährsmann. In dieser Ausrichtung geht man heutzutage zum Teil so weit, sich vom Begriff Seele ganz zu verabschieden, da sich alles, was im Menschen geschieht, einfacher über neurologische Abläufe erklären ließe.

Die platonische Auffassung, dass Leib und Seele trennbare Wirklichkeiten sind, lässt nicht nur die Vorstellung einer präexistenten Seele zu, sondern auch die der Seelenwanderung. Auch der Idee, dass die Seele im Augenblick des Todes den menschlichen Körper verlässt und irgendwie und irgendwo weiterlebt, liegt diese Auffassung zugrunde. Diese Sicht der Seele ist nicht ohne Folgen für die Lebensauffassung und -gestaltung: Sie hat in den Kirchen, aber auch in anderen Religionen und kulturellen Strömungen zu körperverachtenden und leibfeindlichen Einstellungen geführt.

Ich sympathisiere mit dem Ansatz, dass Materie und Seele/Geist unweigerlich zusammengehören und ohne einander nicht existieren und noch weniger funktionieren können: Seele ist ohne materielle oder körperliche Grundlage nicht vorstellbar.

Der Körper ist Form der Seele

Aristoteles, der diese Theorie von der Seele-Körper-Einheit maßgebend geprägt hat, war der Meinung, dass Materie und Form zusammenhängen und einander bestimmen. Die Organisation der Materie macht nicht nur ihre Form aus, sondern bestimmt auch ihre Funktion. Je nach ihrer Organisation und Form kann dieselbe Materie verschiedene Funktionen haben. Ein Beispiel aus unserer Alltagswelt kann das veranschaulichen: Schreibtische, Computer, Kabel, Telefongeräte und mehrere Menschen können einem Lagerraum, einem Geschäft, einem Büro oder einer Forschungseinrichtung zugeordnet sein – je nachdem, wie sie angeordnet und aufeinander bezogen sind. Diese Anordnung, die das spezifische Funktionieren eines Lagerraums, eines Büros oder einer Forschungseinrichtung bestimmt, kann – im Bild gesprochen – »die Seele der Einrichtung« genannt werden. Die menschliche Seele wäre demnach das Organisationsprinzip oder die Organisationsstruktur, welche die Teile, aus denen ein Mensch besteht, so anordnet und erhält, dass der Mensch Mensch ist und als solcher »funktioniert«. Diese Auffassung entspricht auch den Erkenntnissen der Gehirnforschung, nach denen nicht die Neuronen an sich die Gehirnfunktionen ermöglichen, sondern die Form ihrer Verbindung: Die Formen der Netzwerke der Neuronen sind die Voraussetzung dafür, dass und wie wir denken und fühlen (Oomen, 380 ff.).

Analog dazu zeigt sich die Seele eines Menschen in der Art, wie die Aspekte, die einen Menschen ausmachen – Gefühl, Körperbewusstsein, Denken, Wollen, Wissen etc. –, aufeinander bezogen sind. Die menschliche Seele ermöglicht und bewirkt also eine besondere Art und Weise zu denken, zu fühlen, zu essen, zu trinken, zu arbeiten, zu lieben und zu Gott in Beziehung zu treten.

Diese Auffassung von der Seele entspricht auch der biblischen Vorstellung vom Menschen. Im Alten Testament gibt es keine Trennung zwischen Leib, Gefühl und Geist; das hebräische Wort *nefesh*, das wir mit »Seele« übersetzen, bedeutet im Hebräischen auch Leben, Atem, Kehle und Person und ist der Versuch, Bedeutung und Funktion dieser Wörter zu verbinden. *Nefesh* ist der Sitz des Lebens, der Körperlichkeit, Denken und Fühlen integriert. Auch im Neuen Testament meinen *nefesh* oder *psyche* die ganze Person und ihr emotionales Leben. Leib und Seele gehören also zusammen, können ohne einander nicht funktionieren und beeinflussen sich gegenseitig.

Diese Überzeugung leitet sich aus der biblischen und aristotelischen Sichtweise des Menschen in Verbindung mit den Erkenntnissen der modernen Naturwissenschaft her.

Daraus folgt, dass eine möglichst gute Integration der leib-seelischen Funktionen die Voraussetzung von menschlicher Entwicklung und menschlichem Wohlbefinden ist. Das Wohlbefinden von Körper und Seele bedingt sich wechselseitig.

Im Lauf der Geschichte sind die Menschen immer wieder der Versuchung erlegen, entweder den Körper auf Kosten der Seele in den Vordergrund zu stellen oder die Seele auf Kosten des Körpers. Sowohl die machtvolle Überzeugung von Teilen der abendländischen philosophischen und theologischen Tradition, dass sich geistliches oder spirituelles Leben besser entwickeln könnte, wenn man den Körper mit seinen Bedürfnissen zurückstellt oder durch strenge Askese zum Schweigen bringt, als auch die eher zeitgenössische Art, dem Körper auf Kosten der seelischen Aspekte des Lebens zu huldigen, sind einseitige Irrwege, die sich mittel- und langfristig als schädlich für die ganzheitliche Entwicklung des Menschen erweisen. Nur im delikaten Tanz zwischen Seele und Körper kann die Seele einerseits zum Sinnesorgan jener Wirklichkeit werden, die wir mit den fünf Sinnen allein nicht wahrnehmen, und andererseits der Körper ein Widerschein der göttlichen Wirklichkeit sein, die er dank der Seele erleben kann.

Aber wie kommt man in dieses besondere Gleichgewicht? Wie lernt man, die Seele zu spüren und sie in die körperlichen Bedürfnisse und Fähigkeiten zu integrieren? Ich will hier zu einer Spurensuche einladen und damit anregen, selbst zu suchen und zu versuchen, die Seele, die sich je individuell und persönlich zeigt, zu spüren.

Denken: Trittstein zur Seele

Die sich im Körper verwirklichende Seele hat unter anderem zwei, wohl ausschließlich menschliche, Fähigkeiten: Menschen können über sich nachdenken, und sie können sich als Denkende beobachten. Das ist ein Weg, die Tätigkeit der Seele spüren zu lernen. Durch Selbstwahrnehmung und Selbstbeobachtung erfährt der Mensch, dass er sich seiner bewusst ist. Und in der Beobachtung dessen, was geschieht, wenn ich mir bewusst werde, dass ich mir bewusst bin, öffnet sich das Tor der Seele. Indem der Mensch lernt, seine eigenen Gedanken, Gefühle und Handlungen aus der Distanz zu beobachten, ist er in der Lage, seinen Umgang mit ihnen zu verändern.

Der erste und wesentliche Schritt in der psychologischen und spirituellen Entwicklung ist die Erkenntnis, dass Gedanken, Gefühle und Handlungen vor allem das Ergebnis persönlicher Überzeugungen und Einstellungen sind, die man natürlich auch ändern kann. Diese Erkenntnis ist meistens ein echtes »Aha-Erlebnis«. Weil wir meinen, wir müssen so denken, fühlen und handeln, wie wir das vielfach unkritisch und unreflektiert tun, und alle würden in unserer Situation Gleiches erleben, glauben wir, dass wir nach einheitlichen Schemata leben, die wir nicht ändern können. Freiheit, Würde und Einmaligkeit des Menschen sind aber darin begründet, dass dem nicht so ist. Über und hinter unserem Denken und Fühlen ist eine Wirklichkeit, die uns, wenn wir uns in ihren Horizont begeben, Alternativen und Wahlmöglichkeiten bietet.

In diese Wirklichkeit treten wir ein, wenn wir lernen, unser Denken und Fühlen zu beobachten. Das bedeutet, einen Punkt zu finden, von dem aus wir uns zuschauen, als ob wir ein anderer Mensch wären. Dadurch gewinnen wir eine objektivere Distanz zu uns selber; wir sehen und spüren, wie wir denken oder fühlen, und erkennen – mit etwas Übung –, dass die beobachteten Gedanken und Gefühle von uns erzeugt sind, dass sie eine Möglichkeit unter mehreren sind und dass parallel zu unserem Denken und Fühlen noch ganz viel anderes in uns abläuft.

Übung für die Seele: Beobachte dich

Suche dir eine Zeit und einen Ort, die es dir erlauben, eine Weile ungestört zu sein. Stelle dir vor, dass du dich aus einer bestimmten Distanz sehen kannst (vom Balkon aus über dir, aus dem Fenster nebenan, durch die offene Tür). Und stell dir vor, dass du deine Gedanken und Gefühle beobachten kannst. Beobachte nur, es ist nichts besser oder schlechter, sondern es ist einfach, was es ist. Die Beobachtung und die Wahrnehmung in der Übung ist nicht wahrer oder falscher als deine üblichen Beobachtungen und Wahrnehmungen, denn auch diese sind nur Beobachtungen und Wahrnehmungen. Du hast dich nur an sie gewöhnt und meinst, dass sie deshalb wahr sind.

Was sieht, denkt, fühlt die Beobachterin vom Balkon, durchs Fenster, in der Tür? Durch die Beobachtung, dass neben einem Gedanken und Gefühl noch viel mehr da ist, endet die Identifikation mit dem Gedanken und Gefühl und du kommst zur Erkenntnis, dass du zwar Gedanken und Gefühle »hast«, aber nicht der Gedanke oder das Gefühl »bist«.

Im Grunde ist Denken die Fähigkeit zu dieser Beobachtung und Wahrnehmung. Wenn wir uns nur mit dem befassen, was gerade jetzt zu tun oder zu organisieren ist, oder überhaupt nur mit dem, was andere von uns erwarten, Fernsehen und Medien uns anbieten, reagieren wir nur. Wenn wir aber immer wieder von diesen Vorgaben Abstand nehmen und uns fragen, was wir wollen, können oder möchten, warum wir etwas tun oder nicht tun wollen, werden wir zu dem, was wir – und nur wir – werden können.

In diesem Denken entwickeln wir mehr und mehr, was typisch menschlich ist: Wir übersteigen uns und spüren, dass wir zu einer Wirklichkeit gehören, von der die Physik nichts weiß (Hell, 2009, 17).

Sich aus der Distanz beobachten und wahrnehmen zu können, ist eine einfache und wichtige Form der Achtsamkeit. Es ist ein Tor zur Seele oder zur metaphysischen Dimension der Psyche (Hinterhuber, 100).

Wenn wir lernen, uns nicht mit unseren Gedanken und Gefühlen zu identifizieren und uns aus der Perspektive der Beobachterin oder des Beobachters wahrzunehmen, erleben wir zum einen, was es heißt, uns aus der Perspektive der Seele wahrzunehmen, und erhalten zum anderen ein emotionales Feedback zu dem, was die Seele im Zusammenhang mit unseren Erfahrungen erlebt. Wir können lernen zu spüren, was Gedanken und Gefühle, was Begegnungen mit anderen Menschen in uns auslösen.

Die eigene Erfahrung und die Eigenbeobachtung lehren uns, dass es uns immer dann gut geht, wenn unsere Gedanken, Gefühle, Begegnungen und Handlungen in der Lage sind, Bedeutung und Sinn zu erschließen; das ist ein Hinweis darauf, dass die seelische Energie fließen kann. Wenn wir aber nicht in der Lage sind, Bedeutung zu erzeugen, wird unser Energiefluss blockiert und es geht uns schlecht. Der freie Energiefluss und die Entstehung von Bedeutung bedingen sich also gegenseitig. Natürlich schaffen auch unangenehme Themen Bedeutung und Austausch. Aber sie kennen den Energiefluss und erzeugen damit ein eigenartiges, im Schnitt unangenehmes Gefühl. Das spüren wir besonders in nahen Beziehungen: Wenn wir mit Menschen, die uns eigentlich wichtig sind, zusammen sind und kein Energiefluss zustande kommt. Wenn trotz des Zusammenseins kein Kontakt da ist, kann die Energie nicht fließen, und das löst Gefühle von Verletzung, von Traurigkeit und Bitterkeit aus.

Wir können also feststellen, dass die Seele unser eigentliches »Sinnesorgan« ist. Sie kann in unseren Begegnungen und den damit verbundenen Empfindungen wahrnehmen, ob daraus Bedeutung und Sinn entstehen kann – oder nicht. Noch einfacher: Sinn ist der Stoff, der die Seele nährt und belebt.

Psyche, Selbst und Seele

Das Wort Seele kennt man aus dem Kontext der Religion, der Philosophie und in letzter Zeit auch aus der Esoterik. Für viele Menschen ist der Begriff deswegen suspekt, scheint er doch auf Weltbilder zu verweisen, die einem modernen Lebensstil widersprechen. Da auch die Psychologie eher vom Selbst als von der Seele spricht, ist es sinnvoll, den Begriff der Seele um die Beschreibung des Selbst auszuweiten, zu vertiefen und glaubwürdiger zu machen. Auch wenn der Begriff des Selbst, ähnlich dem der Seele, eher diffus und schwer definierbar ist, erhalten wir doch eine konkretere Vorstellung von der Seele und einen zusätzlichen Zugang zu ihr.

Der Flow-Forscher Mihaly Csikszentmihalyi etwa beschreibt das Selbst als Struktur im Bewusstsein, welche die Funktion hat, zwischen den genetischen (Instinkte und Triebe) und den kulturellen Instruktionen (Normen und Regeln) zu vermitteln. Das Selbst ist dem Ich übergeordnet und unterstützt uns darin, das Gefühl zu entwickeln und zu sichern, dass wir uns als Einheit erfahren und daraus fühlen, denken und handeln und uns von der Wirklichkeit, die uns umgibt, unterscheiden können (Csikszentmihalyi, 1991, 30). Aus diesem Erleben können sich Identität und Kontinuität entwickeln. Das Selbst ist also jene Instanz, die uns das Empfinden gibt, dass uns trotz aller Veränderung – selbst die Zellen des Körpers werden im Laufe des Lebens einige Male erneuert – eine Erlebenskontinuität begleitet. Seit unseren frühesten Erinnerungen bis ins hohe Alter bleibt im Normalfall etwas in uns, das uns sagt: Das bin ich immer gewesen und das werde ich immer sein.

Auch die Psychosynthese, eine Richtung der Humanistischen Psychologie, die vom italienischen Arzt und Psychiater Roberto Assagioli als Ergänzung zur Psychoanalyse Freuds entwickelt wurde, verwendet Seele und Selbst synonym: »Das Selbst ist die Essenz und die Seele des Menschen, seine wahre Identität, seine höchste und tiefste Natur. Das Selbst drückt in höchster Weise die Aspekte des Bewusstseins, der Liebe und des Wollens aus. Das Selbst kann als Zentrum der Einheit bezeichnet werden, in der die Ganzheit des Menschen integriert und vereint wird« (Alberti, 20).

Das Bild des sogenannten höheren Selbst, welches die Psychosynthese entwickelt hat, ist besonders hilfreich, um eine Eigenart der Seele zu verstehen: Sie ist Teil von uns, verbindet uns aber gleichzeitig mit der transzendenten Wirklichkeit und ist selbst Teil derselben. Die Auffassung, dass ein Teil von uns – die Seele oder eben das höhere Selbst – in der erlebten Erfahrung zwischen der personalen und transpersonalen Wirklichkeit wechseln kann oder aus zwei ineinander strömenden Flüssen entsteht, ist eine starke Metapher für die Integrationsfähigkeit der Seele und für ihre Möglichkeit, personale, transpersonale und kollektive Inhalte integrieren zu können.

Wer Berührungsängste gegenüber dem Begriff der Seele hat, findet über das neutralere Wort des Selbst vielleicht eher einen Zugang zu dieser Dimension menschlichen Seins. Die Vorstellung, dass Menschen Kontakt zum transpersonalen und kollektiven Bewusstsein herstellen können, ist für viele tatsächlich befremdlich. In diesem Klima der Abwehr dann noch von »Kräften der Seele« zu sprechen, verstellt die Tür zur transpersonalen Wirklichkeit eher, als sie zu öffnen. Wenn aber die Kraft der Seele ein anderes Wort für die Funktion des Selbst oder des höheren Selbst ist, kann die Vielfalt seelischen Erlebens vielleicht eher als etwas durchaus Normales verstanden werden. Das Selbst ist ein Erfahrungsraum, der den meisten Menschen zugänglich ist und ohne esoterischen Beigeschmack und religiöse Bevormundung auskommt.

Dennoch ist Seele ein Wort, das unvergleichlich faszinierender ist als jenes des Selbst und noch tiefer in die menschliche Suche und Sehnsucht hineinzielt. Der Selbstbegriff hilft uns jedoch, einige Funktionen der Seele über das psychologische Vokabular zu beschreiben und die Erfahrung der Seele oder des Seelischen mitten im Leben zu verankern. Aus diesem Grund ist das Selbstkonzept hilfreich für die Beschreibung der Seele, doch kann es die Weite und die Verheißung, welche in dem Bild der Seele mitschwingen, nie ersetzen.

Die Seele steht uns nicht einfach zur Verfügung und sie ist auch keine beherrschbare Teilfunktion unseres Lebens. So wie das Selbst sich dem kontrollierenden und verstehenden Zugriff immer wieder entzieht, so ist uns auch die Seele grundsätzlich entzogen. Aber trotzdem bestimmt sie unser Wesen so sehr, dass es unzutreffend ist, zu sagen: »Wir haben eine Seele.« Es muss vielmehr heißen: »Wir sind Seele.« Oder: »Wir sind beseelte Wesen.« Das heißt, die Seele ist größer als wir und unsere Wahrnehmung. Die Seele ist eine Wirklichkeit, die uns vorgegeben ist und der unser Leben zu dienen hat.

Der amerikanische Psychologe James Hillman (1926–2011) hat sich für die Rettung der Seele in der Psychologie und in der Theologie wie kaum jemand eingesetzt und kommt zum Schluss, dass in der Seele unsere Berufung und unser Lebensauftrag eingeprägt sind. Daraus wird verständlich, dass wir den Sinn des Lebens und wohl auch unser Glück nur in der Wahrnehmung und Realisierung unserer Berufung, die in der Seele vorgegeben ist, finden können (Hillman, 2002; 1997). Die Beantwortung der Sinnfrage, besser noch das Erleben von Sinn, hängt deshalb wesentlich damit zusammen, ob es uns gelingt, die Verbindung zur großen und weiten Wirklichkeit der Seele in uns aufzunehmen und zu gestalten, oder eben nicht.

Diese Thesen machen einen neuen Zugang zur Wirklichkeit unserer Seele und zu unserem Leben erforderlich. Die Seele ist nicht nur ein innerer individueller Sinn, ein Organ, welches die Kommunikation mit der zeitlichen und räumlichen Unendlichkeit herstellt, sie ist selbst Teil dieser Unendlichkeit. Dies lässt sich mehr erahnen als beweisen, öffnet aber den Zugang zu einem Bereich unseres Lebens, den die spirituelle Psychologie als erste oder letzte Wirklichkeit bezeichnet. Die Seele ist demnach viel größer als das, was wir von ihr und über sie wahrnehmen, verstehen und umsetzen.

Übung für die Seele: Sinn denken

Die Naturwissenschaft misst und beobachtet, was ist; die Geisteswissenschaft und die Religion denken unter anderem, was sein könnte. Die Integration dieser beiden Möglichkeiten stellt zwei Formen der menschlichen Entwicklung dar, die sich im Zusammenspiel optimal ergänzen und entfalten. Denken ist eine Möglichkeit, Achtsamkeit zu steuern und neue, innere Welten zu schaffen. Die Seele ist der Raum und die Zeit für die Aktivität des Denkens.

Sich im Denken zu beobachten oder zu beobachten, was das Denken tut und wie Gedanken sich entwickeln, kann eine äußerst kreative Tätigkeit sein. Im Denken erschließt sich der Mensch den Sinn und die Möglichkeiten des Lebens.

Die Betrachtung der Plastik »Der Denker« von Auguste Rodin lässt gewahr werden, dass Denken nicht nur das Erinnern von Fakten und Ereignissen oder vorwiegend die Planung des Alltags betrifft, sondern vor allem mit den großen Warum- und Wozu-Fragen des Lebens zu tun hat. Das heißt, das, was wir erinnern und planen, hängt unweigerlich auch mit den Sinn- und Bedeutungsfragen des Lebens zusammen.

Stelle dich immer wieder den Fragen, warum und wozu du lebst, dieses oder jenes tust oder unterlässt. Vielleicht ist das mühsam oder sogar unangenehm. Aber es ist ein Weg, den inneren Raum zu weiten und zu beleben. Je tiefer diese Fragen uns anrühren und je aufmerksamer wir hinfühlen und hören, was das mit uns tut, desto mehr werden wir von der ureigenen Kraft der Seele geprägt.

Die Seele als Echo unserer Tiefe und unserer Höhe

Zentral für die Schulung der seelischen Fähigkeiten ist die Einübung in die Achtsamkeit, wie sie vor allem aus den östlichen meditativen Traditionen kommt. Dabei geht es im Wesentlichen darum, das, was in uns geschieht, urteilsfrei zu beobachten. Meist sind wir uns nicht bewusst, dass wir ständig urteilen und unser Erleben in »gut – schlecht«, »darf sein – darf nicht sein«, »soll bleiben – muss weg« einteilen.

Der Buddhismus ist der Ansicht, dass die Inhalte des Bewusstseins über die Informationen, die wir über die Sinnesorgane erhalten und durch das Denken erzeugen, entstehen. Durch die Übung der Achtsamkeit erkennen wir, dass diese Inhalte nicht wahr oder objektiv sind. Sie sind vielmehr subjektiv, weil sie ständig von uns produziert und modifiziert werden, und: Sie vergehen, das heißt, sie kommen und gehen und verändern sich ständig.

So ist Achtsamkeit eine Einstellung und eine Lebensweise, die, sofern ihr Wesen grundsätzlich erkannt, angenommen und praktiziert wird, sehr entlastend wirken kann. Achtsamkeit schafft einen inneren Raum der Aufmerksamkeit und Beobachtung und führt mit zunehmendem Bewusstsein zu dem, was im Buddhismus Zeugenbewusstsein genannt wird. Darunter versteht man die Fähigkeit, sich selbst möglichst neutral beobachten zu können, d. h. neutrale/r Zeuge/in des Geschehens und unseres Lebens werden zu können.

Erstaunlich ist, dass die meisten Menschen, sogar Kinder und Jugendliche, schnell und gerne in diesen inneren

Raum gehen, wenn sie dazu angeleitet werden. Ein sprechender Hinweis darauf, dass wir Menschen die Anlage zu und die Sehnsucht nach dieser Erfahrung der Seele haben. Leider wurde diese in den westlichen religiösen Traditionen wenig gepflegt, sodass großer Aufholbedarf besteht.

Diese Not wurde von der Transpersonalen Psychologie schon in der Mitte des letzten Jahrhunderts erkannt. 1959 hat Carl Gustav Jung in einem Brief geschrieben: »Es ist meine feste Überzeugung, dass von jetzt an bis in unbestimmte Zukunft das wahre Problem ein psychologisches sein wird. Die Seele ist Vater und Mutter all der anscheinend unlösbaren Schwierigkeiten, die sich vor unseren Augen zum Himmel türmen« (zit. nach H. Hinterhuber, 2001, 148).

Meiner Erfahrung nach hindern uns hauptsächlich zwei Verhaltensweisen daran, die Botschaften der Seele zu hören: Oberflächlichkeit und Hektik. Oft spüren wir noch den Widerstand der Seele gegen Oberflächlichkeit oder Hektik in einem Unbehagen – aber selten verstehen wir, dass es die Seele ist, die sich bei uns meldet. Manche werden durch den mangelnden Kontakt mit ihr sogar krank. Das Spektrum der Reaktionen einer vernachlässigten Seele beginnt bei einem diffusen Gefühl des Verlustes oder des Unwohlseins und kann bis zu schwerwiegenden psychischen Erkrankungen reichen. Der Verlust des Wesentlichen löst Leiden aus. Und mitunter zwingt uns der Leidensdruck dazu, unser Leben zu bedenken und zu ändern. Die Auseinandersetzung mit unserer Tiefe ist eine Aufgabe, der sich auf Dauer niemand ohne Schaden entziehen kann.

Verlust der Seele

In den Jahrzehnten nach dem Zweiten Weltkrieg haben mehrere Psychologen (u. a. Abraham Maslow, Carl Gustav Jung, Roberto Assagioli und James Hillman) erkannt, dass weder die Kirchen noch die Psychologie noch die Medizin dazu beitrugen, verlässliche Zugangswege zur Erfahrung der Seele und zur Interaktion mit ihr zu entwerfen. In diesem Vakuum entstand die sogenannte Transpersonale Psychologie, die die Methoden und Instrumente der Psychologie mit der Erfahrung der spirituellen Traditionen verbinden wollte und damit Ansätze für eine neue Seelsorge jenseits der Religionen – aber nicht gegen sie – schuf. Schon in den Fünfzigerjahren des 20. Jahrhunderts hatte Carl Gustav Jung davon gesprochen, dass den traditionellen Konfessionen die Verbindung zur menschlichen Seele unserer Zeit mehr und mehr verloren gegangen sei, und dass die Psychotherapie an ihrer Stelle das »Sorgerecht« für die Seele zu übernehmen habe. Als nachgetragenen empirischen Beleg für diesen Sachverhalt kann eine empirische Studie von Wilfried Belschner und Joachim Galuska angeführt werden. Sie kam zu dem Ergebnis, dass sich Menschen in seelischer Not – sprich spirituellen Krisen – fast zuallerletzt an Kirchen oder religiöse Institutionen wenden bzw. von ihnen Hilfe erwarten (Belschner/Galuska, 82).

Doch auch Psychologie und Psychotherapie können der seelischen Not offenbar nicht zufriedenstellend begegnen, wenn man der Einschätzung, dass es auch nach hundert Jahren Psychotherapie der Welt immer schlechter geht (Hillman & Ventura), zustimmt. Den Kirchen ist das Sorgerecht um die Seele abhandengekommen, Psychologie und Therapie konnten ihr auch nicht helfen und der Mensch unserer Zeit wird von der Erfahrung des »Seelenverlustes« bedroht. So ist die Seele, nach James Hillman, ein »Nicht-Ort«, »denn weder in der Theologie noch in der dynamischen Psychotherapie gilt ihr das Hauptinteresse. Die eine widmet sich Gott und seinen Absichten, die andere untersucht den Menschen und seine Motivationen, während der Platz dazwischen allzu oft unbetreten bleibt. Dieses Vakuum, wo Gott und Mensch sich der Tradition nach begegnen sollten, ist zum Niemandsland geworden, wo sich Analytiker und Geistlichkeit gegenüberstehen … Kirchen und Synagogen sind zu Gemeindezentren geworden, die fast jedes Bedürfnis erfüllen, außer das der Seele, und während die Kirchen sich leeren, füllen sich die Krankenhäuser« (Hillmann, 1997, 42.52).

Dieser Mangel an Sorge für die Seele ist Ursache verschiedener Leiden und für die Entwicklung gefährlicher Verhaltensweisen verantwortlich. »Das große Übel des 20. Jahrhunderts, das in alle unsere Schwierigkeiten hineinverwoben ist und jeden von uns – aber auch die Gesellschaft – betrifft, ist der ›Seelenverlust‹. Wenn die Seele missachtet wird, verschwindet sie nicht einfach, sondern äußert sich symptomatisch in Zwangsvorstellungen, Süchten, Gewalt und Hoffnungslosigkeit« (Moore, 9).

Der Begriff »Seelenverlust« versucht, die Ursache und das Gefühl für das Unbehagen, das den modernen Menschen vielfach befällt, zu beschreiben. Sich im eigenen Leben nicht daheim zu fühlen, hat unter anderem mit der eingeschränkten Wahrnehmung oder dem eingeschränkten Zugang zur Seele zu tun. Die Erfahrung des Seelenverlustes ist an sich nichts Neues, das Phänomen ist heutzutage wahrscheinlich verbreiteter und gleichzeitig leichter zu verdrängen und zu missachten als zu früheren Zeiten. »Die Anthropologen schildern einen Zustand bei ›primitiven‹ Völkern, der als ›Verlust der Seele‹ bezeichnet wird. In diesem Zustand ist ein Mensch außer sich, nicht imstande, die äußere Beziehung zwischen Menschen oder die innere zu sich selbst zu finden. Er ist unfähig, an seiner Gemeinschaft, an ihren Ritualen und Traditionen teilzunehmen. Sie sind für ihn tot, er ist tot für sie. Seine Verbindungen zur Familie, zum Totem, zur Natur sind aufgehoben« (Hillman 1997, 45 f.).

Unter anderen Bedingungen und mit anderen Themen machen viele Menschen diese Erfahrung heute auch. Was sich geändert hat, ist der Umgang mit ihr. Der moderne Mensch leugnet, verdrängt oder narkotisiert die Erfahrung des Seelenverlustes und hat keine Worte, um dieses Phänomen zu beschreiben. Dessen werden wir uns mehr und mehr bewusst. Die Ausgabe des *Diagnostical and Statistical Manual of Mental Disorders* vom Mai 2013 hat das Verdrängen von Religion oder radikale Veränderungen im Bereich religiöser Zugehörigkeit oder Spiritualität erstmalig als mögliche Ursachen für seelisches Leiden und damit wohl auch für seelische Genesung beschrieben.

Seelenverlust als Metapathologie

Bis in unsere Zeit hinein hat die wissenschaftliche Psychologie angenommen, dass psychische Leiden vorwiegend mit Störungen und Problemen im mentalen und emotionalen Bereich zu tun haben. Seit einigen Jahrzehnten aber weisen verschiedene Schulen und Therapeuten darauf hin, dass Probleme im Bereich der Seele verortet sein können und dass diese dann eine Art *Metapathologie* (Elkins, 91) erzeugen, die sich als Leiden am sinnlosen Leben (Viktor Frankl), als Verlorenheit in der Dimension des Habens (Erich Fromm) oder in der Mentalität des Tuns ausdrücken.

Wir können die Dimension des Habens auch mit den materiellen Grundbedürfnissen des Menschen vergleichen und ihnen geistige oder höhere Bedürfnisse gegenüberstellen und diese der Seinsdimension zuordnen. Haben und Sein müssen in einem ausbalancierten Verhältnis stehen. Materielle Bedürfnisse sind ja nicht schlecht, sie brauchen aber eine Verankerung im Sein. Ebenso braucht das Sein eine Erdung im Materiellen, damit es nicht abgehoben und blutleer wird.

Der Psychologe Abraham Maslow hat die Bedürfnisse, die mit dem Sein zusammenhängen, als Liebe, Güte, Wahrheit, Schönheit und Leidenschaft beschrieben; Hillman fügt diesen noch das Bedürfnis nach Transzendenz bzw. Religion hinzu. Wenn uns die Möglichkeit fehlt, diese Dimensionen des Lebens aktiv und passiv zu erfahren, verlieren wir den Kontakt zur Seele. Seelenverlust heißt dann, nicht geliebt zu werden und nicht lieben zu können, keine Güte zu erfahren oder schenken zu können, die Wahrheit nicht sagen zu können und sich auf die Reaktion der Umwelt nicht verlassen zu können, die eigene Schönheit oder Würde nicht wahrnehmen und ausdrücken zu können und nicht fähig zu sein, einen Sinn für die Schönheit des Lebens und der Welt zu entwickeln. Schließlich hat Seelenverlust auch mit dem Verlust der Beziehung zur Transzendenz und zum eigenen Tod zu tun.

Wenn die Beziehung zwischen der Seins- und der Haben-Dimension als gegenseitiges Korrektiv nicht funktioniert, ist – psychologisch ausgedrückt – das Verhältnis vom Ich zum Selbst gestört. Ganzheitlich oder in der Sprache der Spiritualität würden wir sagen: In der Seele spielt sich ein Konflikt ab. Für die Transpersonale Psychologie ist diese Unterbrechung oder dieser Konflikt die Ursache für Unwohlsein und Leiden, welche sich zu psychischen Erkrankungen entwickeln können. Wenn das Ich keine oder wenig Wahrnehmung des Selbst hat, verliert es das notwendige Orientierungsempfinden. Es weiß nicht mehr, woher es kommt oder wohin es geht, es verliert das Gefühl der Einheit und der Identität und verliert sich in den Fragmenten und Brüchen des Bewusstseins.

Der Mensch, der die einende und vernetzende Kraft der Seele nicht mehr spüren kann, verliert außerdem das Gefühl der Zugehörigkeit zum Ganzen und der Einheit mit den anderen Menschen und der Natur. In einem Bild ausgedrückt können wir sagen, dass die Wirklichkeit, die wir sind, wie in einem inneren Spiegel wahrgenommen wird. Wenn dieser Spiegel zerbrochen ist, sehe ich die Welt und mich selber »zersplittert«. Dass diese Form der Wahrnehmung lähmt, unsicher und perspektivlos macht, liegt auf der Hand.

Äußere Überreizung verhindert psychisches Leben

In der psychosynthetischen Forschung wurden die Gefühle des Selbst- oder Seelenverlustes folgendermaßen beschrieben: »Ich habe das Gefühl, keine Wurzeln zu haben; ich habe das Gefühl, oberflächlich zu sein; ich bin mir wenig bewusst, fühle mich innerlich leer; ich erlebe mich wie in einem tiefen Abgrund; ich erfahre mich klein, egoistisch, in mich eingesperrt; ich fühle mich verloren, ohne Orientierung, kraftlos, schwach; ich bin wie taub, schläfrig und immer müde; ich bin unsicher, im Zweifel, verwirrt, so als ob ich im Nebel oder in der Dunkelheit wäre; ich bin angstvoll, leidend und gequält; ich spüre, dass ich irgendwie entartet bin, dass etwas in mir stirbt; ich erfahre mich fern von mir, neben mir oder selbstvergessen; ich erlebe mich wie eingesperrt und bedrückt; ich spüre, dass alle und alles gegen mich gerichtet ist« (Alberti, 28 f.).

Wenn die Wahrnehmung dessen, was wir als Seele oder Selbst beschreiben, nicht möglich ist, zerbricht offensichtlich auch der Kontakt zum gesellschaftlichen, zwischenmenschlichen und transpersonalen Bereich. Der Mensch macht die Erfahrung einer umfassenden, erschütternden Isolation. Der Seelenverlust ist der Auslöser eines solchen Beziehungsverlustes bzw. dieser Beziehungsunfähigkeit. Auch andersherum kann man dieses Phänomen lesen: In der Suche nach Beziehungen und über Beziehungen suchen wir eigentlich immer auch unsere Seele.

Ein weiterer Ausdruck und eine Ursache des Seelenverlustes scheint in der Schnelllebigkeit unserer Zeit zu liegen. Denn die Seele reist langsam. »Die von Stress bedrängten Männer und Frauen von heute haben es eilig, zu gewinnen und zu verteilen, zu genießen und zu sterben, und ersparen sich jene Repräsentation ihrer Erfahrung, die man psychisches Leben nennt; man hat weder die nötige Zeit noch den nötigen Raum, um sich eine Seele zu bilden« (Julia Kristeva, zitiert nach Bastian, 2012). Die Hauptursache für diesen Befund ist, so Kristeva, eine extreme Körperbezogenheit und die mediale Außensteuerung des Menschen. Dies habe zur Folge, dass der Mensch sein Wohlbefinden bzw. sein Unbehagen nicht an seinen inneren Wahrnehmungen orientiert, sondern an der Qualität und Quantität der Anerkennung, die von außen kommt. Der Mensch wird abhängig von anderen, äußeren Instanzen, derer er sich ständig vergewissern muss. Diese Abhängigkeit erzeugt im Inneren Unrast, weil die Bestätigungen, die im Außen gesucht werden, nie wirklich Antwort auf die authentischen Bedürfnisse sind und paradoxerweise, ähnlich wie beim Suchtverhalten, desto öfter gesucht werden, je häufiger sie enttäuschen. Um diesem Sog entgegenzuwirken, müsste die Außengerichtetheit und Fremdsteuerung reduziert und der Kontakt zum inneren Raum, zum Selbst, zur Seele aufgebaut werden. Nur bei sich kann der Mensch unangestrengt und in Zufriedenheit leben.

Im Inneren dem Wesentlichen begegnen

Die Erkenntnis, dass der Mensch ein ewig Suchender ist, ist uralt. Platon bereits hat den Menschen als Hälfte einer Kugel beschrieben, die intuitiv um den Verlust der anderen Hälfte weiß und sie ständig sucht. Die verschiedenen Polaritäten des Lebens, zum Beispiel Mann – Frau, Gott –

Mensch, Materie – Geist, gelten als Ausdruck dafür, dass wir uns selbst nie ganz genügen, sondern Ergänzung suchen und brauchen.

Neben dieser Mangelerfahrung und der daraus resultierenden Suchbewegung gibt es auch Erlebnisse, oft nur ganz kurze, die wie ein Leuchten oder ein Gefühl aus der Tiefe spüren lassen, dass es diese andere Wirklichkeit, die Ganzheit, nach der wir uns sehnen, gibt. Und es gibt unzählige Berichte darüber, dass die innere Mangelerfahrung aufhört, wenn der Mensch in der Lage ist, den Kontakt mit seinem inneren Raum mit einer gewissen Kontinuität zu spüren und irgendwie aufrechtzuerhalten. Die Seele ragt in den diesen inneren Raum und ermöglicht dadurch, dass wir unsere Zugehörigkeit zur grenzenlosen Wirklichkeit wahrnehmen und innerlich darstellen können.

Diese Sehnsucht drückt sich konkret auch in der ununterbrochenen Suche nach Glück, Zufriedenheit, Sinn und Ganzheit aus. Die Suche nach Glück und Sinn kann man eine Grundfunktion der Seele nennen. Die Antworten und Angebote sind vielfältig, sie reichen von den Künsten, durch welche die Seele angesprochen und bewegt wird, über die inneren Wege der großen Religionen bis zur Arbeit der Psychologie. Die Frage, die wir uns selbst immer wieder stellen müssen, ist, ob und wie wir unsere Sehnsucht authentisch ausdrücken, welche Angebote und Antworten zu unserer Suche passen und wie wir die Balance zwischen Sehnsucht und den Antworten, die wir auf sie zu geben versuchen, möglichst nachhaltig gestalten.

Die Sprache der Innerlichkeit lernen

Wer sich die Seele erschließen möchte, kann einiges dafür tun und muss einiges lassen. Unter Tun verstehe ich unter anderem die Arbeit an den Lebenseinstellungen, die Reflexion und Analyse von Erfahrungen, die Pflege des inneren Raumes, etwa durch einen spirituellen Weg, sowie die Deutungsarbeit am Erlebten und an der eigenen Sehnsucht. Dabei ist von zentraler Bedeutung, dass die Seele vorwiegend nicht über rationale Argumentation, sondern über reflexive Imagination angesprochen und entwickelt werden kann (Hillman, 1997, 44). Die Wirklichkeit der Seele ist vorgegeben, eine Anlage, eine Veranlagung, etwas wie ein inneres Organ. Unabhängig vom unvollkommenen Versuch, die Seele angemessen zu beschreiben, spüren die meisten Menschen, dass sie diese Anlage zur Kenntnis nehmen und formen müssen. Wenn ich weiß, dass ich eine gute Stimme habe, muss ich üben, um sie zu bilden; wenn ich weiß, dass ich eine gute Hand zum Zeichnen habe, brauche ich im Normalfall Zeit und Führung, um aus diesem Talent etwas machen zu können. Natürlich gibt es auf allen Gebieten Naturtalente, aber in der Regel ist Entwicklung auf einem bestimmten Gebiet eine Kombination zwischen Anlage, Übung und Führung. Und wahrscheinlich gilt für den Umgang mit dem Organ Seele dasselbe wie bei anderen Fertigkeiten: Es gibt sehr begabte Menschen auf diesem Feld, eine durchschnittliche Begabung im Umgang mit der Seele treffen wir fast bei allen Menschen an und es gibt wohl auch einen ganz kleinen Teil von Menschen, die sehr wenig Begabung im Umgang mit der Seele zu haben scheinen; genauso wie es ganz wenige Menschen gibt, die wirklich nicht singen oder zeichnen können.

Was können wir also tun, um unsere seelische Veranlagung zu entfalten, das Seelenorgan zu üben? Ein erster Schritt ist die schlichte Anerkennung der seelischen Wirklichkeit. Mehr oder weniger bewusst und gewollt, leben wir doch in einer Zeit, in der nur das wirklich zu zählen scheint, was man mit technischen Instrumenten messen und was man sich mit sichtbaren Ergebnissen erarbeiten kann. Dass es eine andere, zeitlich und räumlich unbegrenzte Wirklichkeit gibt, die wir nur über die seelischen Fähigkeiten wahrnehmen können, nehmen viele Leute zunächst nicht zur Kenntnis und deshalb auch nicht wirklich ernst. Die Annahme dieser Wirklichkeit und der Möglichkeit, in sie einzutreten, mag zuerst eine Entscheidung des Geistes oder des Willens sein, dann aber geht es darum, uns dieser Wirklichkeit und ihren eigenen Gesetzmäßigkeiten zu überlassen und ihnen zu vertrauen.

Die Entwicklung bestimmter Werte, Haltungen, Einstellungen und eines achtsamen Lebensstils ist eine weitere Voraussetzung, mit der Wirklichkeit der Seele in Kontakt zu treten und dadurch ihre Wahrnehmung und Entfaltung zu unterstützen. Die Religionen haben diese Aspekte über Jahrtausende gepredigt und vermittelt. Doch heute gibt es immer mehr Menschen, die zu der Erkenntnis kommen, dass der Zugang zur eigenen Tiefe von niemandem vermittelt werden kann. Sie misstrauen den Traditionen und emanzipieren sich vielfach von den Auflagen der Zugehörigkeit zu religiösen Gruppen. Viele geistig eigenständige Menschen haben ein sicheres Gefühl für die Echtheit und die Qualität religiöser und spiritueller Autoritäten und Hilfen. Sie spüren, ob sich diese in den Dienst der inneren Erfahrung des Menschen stellen oder ob sie den Weg zwischen Mensch und seelischer Erfahrung eher versperren oder gar vermarkten möchten.

Aus der Anerkennung der Wirklichkeit der Seele folgt, dass wir uns Raum und Zeit für die Gefühle, welche unsere innere Tiefe und Höhe auslösen, nehmen und geben. Es ist offensichtlich die Eigenart der Seele, dass wir ihrer über Bewusstheit gewahr werden. Das ist nicht bei allen Organen der Fall: Herz und Lunge etwa funktionieren auch, wenn ich mir ihrer nicht bewusst bin. Wiewohl Bewusstheit auch auf diese Organe einen Einfluss haben kann – denken wir nur an die Wirkung des Autogenen Trainings. Auch die Seele wächst und funktioniert besser, wenn wir ihr Aufmerksamkeit schenken. Beseeltes Leben ist ein für die innere Dimension aufmerksames Leben; es ist die Achtsamkeit auf das, was Seele anrührt und bewegt – und genau das macht sie auch erfahrbar.

Der Kraft des Höheren vertrauen: Ein Exkurs zur Psychosynthese

An dieser Stelle soll der Beitrag der Psychosynthese zur Wahrnehmung der Seele oder des Selbst etwas ausführlicher dargestellt werden. Ihr Begründer Roberto Assagioli war Arzt und Psychiater, hat sich lange mit der Psychoanalyse befasst, diese in Italien verbreitet und kam dann, nachdem er die Mystik verschiedener Religionen studiert hatte, zu der Auffassung, dass in der menschlichen Psyche nicht nur niedrige, unbewusste, zum Teil verdrängte Impuls- und

Instinktkräfte am Werk sind, sondern dass es auch sogenannte höhere Kräfte und Energien gibt, die im Höheren Selbst oder in der Seele zu orten sind und uns zu einem sinnvollen und gelingenden Leben führen wollen. Der Kontakt zum Höheren Selbst setzt voraus und bewirkt, dass wir nicht ständig um die Interessen unseres Ichs kreisen, sondern bereit werden, anderen Menschen, aber auch der Natur und dem Kosmos zu dienen. Er nannte seine Arbeit an der Seele – im Unterschied zur Psychoanalyse – Psychosynthese.

Der Psychosynthese zufolge ist das Unbewusste in drei Bereiche gegliedert: Das untere Unbewusste enthält die elementaren psychologischen Aktivitäten, welche das körperliche Leben leiten. Dazu gehören auch die fundamentalen Triebe und die primitiven Bedürfnisse, unkontrollierte und unkontrollierbare Prozesse und zwanghafte Bedürfnisse. Diese Schicht des Unbewussten hat mit unserer Vergangenheit zu tun – sie hat sich in unserer zurückliegenden Lebenszeit entwickelt. Das mittlere Unbewusste betrifft die Gegenwart. In dieser inneren Region, die in unserem Wachbewusstsein enthalten und leichter zugänglich ist, werden unsere alltäglichen Aktivitäten durchgearbeitet, bevor sie in das Licht unseres Bewusstseins hineingeboren werden. Auf dieser Ebene befindet sich unsere »wahrnehmbare Mitte«, das, was wir als unser bewusstes Zentrum oder Ich bezeichnen würden. Dann ist da noch das höhere Unbewusste, welches auf die Zukunft gerichtet ist und den Widerschein der Vollkommenheit und des Guten spiegelt. In diesem Bereich wurzeln unsere höheren Intuitionen für Güte, Gerechtigkeit und Menschlichkeit, Kunst oder Weisheit. Im Unterschied zu Freud ist Assagioli der Auffassung, dass der Mensch grundsätzlich gut ist und dass das Gute auch überwiegt – hier grenzt er sich auch von Jung ab, in dessen Modell die Kräfte des Guten und des Bösen sich eher die Waage halten.

Der Kontakt zwischen dem Ich und dem Höheren Selbst (der Seele) bricht nach den Vorstellungen der Psychosynthese nie ab, denn Ich und Selbst gehören zusammen, sind aber nicht identisch. Je bewusster die Wahrnehmung von etwas Höherem in unserer Lebenswirklichkeit ist, desto eher werden wir diese suchen und auf Impulse, die aus diesem Bereich kommen, reagieren. Dass das Höhere Selbst in unseren Erfahrungsraum treten will, von uns wahrgenommen werden möchte und immer wieder Gestalten der Verwirklichung sucht, gehört zu den wichtigen Prinzipien der Psychosynthese. Die Erkenntnis, dass das Höhere Selbst mit seinen Kräften und Bildern uns sucht und unseren Bewusstseinsraum beleben will, gehört auch zum entlastenden Wissen um die Eigenart der Seele. Dieses Wissen befreit uns vom moralischen Druck und den Leistungsansprüchen, die oft mit religiösen Einstellungen und spiritueller Entwicklung verbunden sind.

Die Psychosynthese stimmt mit den spirituellen Traditionen darin überein, dass die Informationen des höheren Unbewussten, das die Religionen das Göttliche, Gott oder Gnade nennen, von den sogenannten »transpersonalen Seinsqualitäten« geprägt sind. Diese drücken sich in ihrer authentischen Form als Freude, Mut, innere Ordnung und Frieden aus. Diese Auffassung widerspricht den Überzeugungen vieler religiöser Traditionen, die dem Menschen vermitteln, dass mit der Erfahrung des Göttlichen ernste dogmatische oder moralische Auflagen verbunden sind. Das psychosynthetische Selbst spricht nicht in diesen Kategorien: Um mit dem höheren Selbst in Kontakt zu treten und seine Impulse zu erfahren, genügt zunächst und grundsätzlich, dass wir aufmerksam und sensibel für diese innere Wirklichkeit werden. Dann kann das höhere Unbewusste den Kontakt mit unserem mittleren Bewusstseinsfeld suchen, um sich in uns unter den konkreten Bedingungen und Möglichkeiten des Lebens konkretisieren zu können. Wichtig ist, dass wir lernen, diese Impulse wertzuschätzen und ihnen Aufmerksamkeit, Raum und Zeit zu widmen. Die einzige wirkliche Gefahr ist, dass wir sie missachten, überhören oder übersehen.

Doch wie erkennt der Mensch die Impulse und Informationen, die aus dem höheren Unbewussten stammen? Hier einige Beispiele: Zuweilen haben wir das Gefühl, dass die Beweggründe für unseren Einsatz, etwa bei der Arbeit, nicht mehr stimmen; wir suchen etwas, das authentischer und wahrhaftiger ist. Zunächst nehmen wir den Impuls auf, dann brauchen wir vielleicht Stille, um die Anregung aus unserem Inneren klarer zu hören und zu verstehen; vielleicht ein Gespräch, ein Buch, einen Film, eine Wanderung, eine Auszeit, einen Pilgerweg … Etwas wird uns dabei unterstützen, die Botschaft aus der oberen Welt klarer wahrnehmen zu können. Jede und jeder von uns hat im Laufe seines Lebens Erfahrungen dieser Kontaktaufnahme gemacht. Sie kann sich in dem plötzlichen Gefühl eines Urvertrauens, eines Aufgehoben- und Geführt-Seins spiegeln, selbst wenn der Kontext, in dem sich dieses Gefühl einstellt, alles andere als vertrauenerweckend ist.

Eine andere Erfahrung ist das Spüren der eigenen Mitte oder Tiefe als Urgrund des eigenen Seins, wie wir sie im religiösen Erleben oder in der Meditation machen können.

Oft erleben wir diese Tiefe auch in der Natur. Dann haben wir vielleicht den Wunsch, die Augen zu schließen, still zu werden und diese Wirklichkeit auch mit unseren inneren Sinnen wahrzunehmen. Das plötzliche Gefühl einer inneren Weite, die wir bisher nicht kannten, das unerwartete Gefühl von Entwicklung und Aufbruch in einer schwierigen Situation, das Empfinden, aus diffuser Verwirrung und Verwicklung zu größerer Klarheit aufzusteigen, ein Energieschub zusammen mit dem Gefühl, aufgerichtet zu werden: All das sind Erfahrungen, die Menschen machen können und die vielen vertraut sind. Gekoppelt sind solche Gefühle oft an eine »verfeinerte Wahrnehmung der Sinne, durch die sowohl die innere als auch die äußere Welt in einem neuen Licht erscheinen und transparent werden für die Schönheit und Ordnung, die ihnen zugrunde liegt«. Tiefe Freude, die keine äußeren Ursachen zu haben scheint, sich bis zu tiefer Glückseligkeit entfalten kann und schließlich in ein Gefühl der Befreiung oder der inneren Freiheit mündet (vgl. Dönges, 286), ist ein anderer Hinweis auf die Kraft von oben. Dieses innere Erleben trägt die Merkmale unserer persönlichen seelischen Welt, die wiederum das Tor zum unendlichen Raum ist. Denn den unendlichen Raum erfahren wir über unseren inneren Raum. Der Aha-Effekt des Erlebens der Seele ist mit der Erfahrung vergleichbar, die die bekannten Vexierbilder auslösen, die verschiedene Motive in sich versammeln. Sie erschließen sich nicht dem verkrampften Beobachter, sondern brauchen einen entspannten Blick, damit sich hier dem Offensichtlichen eine weitere Dimension öffnen kann.

Diese spezifische Fähigkeit zu erkennen, hat mit der Verwandlung des Bewusstseins und mit verwandelter Aufmerksamkeit zu tun. Die spirituellen Schulen mit ihren Übungen, religiöse Lebensdeutung und Rituale, aber auch die Wege der Kunst können helfen, die Wahrnehmung der seelischen Dimension der Wirklichkeit einzuüben.

Übung für die Seele: Abstand als Entlastung

Nimm dir etwas Zeit und stelle dir die zentralen Probleme und herausfordernden Aufgaben vor, die dich derzeit beschäftigen. Dann stelle dir vor, dass diese durch Einrichtungen in der Stadt oder am Ort, an dem du lebst, dargestellt sind (z. B. Häuser, Park, See, Kirche, Schloss usw.). Bleibe etwas in der Vorstellung, mit der du deine Aufgaben und Probleme durch diese Einrichtungen symbolisierst. Schaue sie dir in dieser Nähe genauer an und nimm wahr, was du fühlst. Sind die Gebäude groß oder eher klein; oder sind dir eher natürliche Symbole in den Sinn gekommen (Bäume, ein Park, ein See, ein Fluss usw.)?

Jetzt stelle dir vor, dass in einiger Entfernung von dem Ort, an dem du lebst und deine Aufgaben und Probleme durch Einrichtungen symbolisiert sind, ein hoher Berg ist. Es ist ein wunderbarer Tag.

Jetzt sitzt du auf dem Gipfel dieses Berges und genießt den wunderbaren Ausblick, die Weite, die Klarheit, die Stille und den Frieden dieses Ortes. Dann suchst du langsam die Objekte, welche du dir vorher vorgestellt hast, und siehst sie zwar klar, aber klein und eingeordnet im Ensemble der sie umgebenden Wirklichkeit.

Lass dir noch etwas Zeit und spüre, was diese Sicht von oben, aus der Distanz, mit deinen Einstellungen zu deinen derzeitigen Sorgen und Aufgaben macht.

Welcher Unterschied besteht zwischen den Gefühlen, die du bei der Beobachtung vor Ort hattest, und den Gefühlen, die du aus dieser Höhenperspektive hast?

Denn wir werden nicht durch die Dinge beunruhigt, sondern durch unsere Einstellung zu ihnen (Epiktet).

Einen ganz anderen Zugang zur Tiefe und zum Gefühl der Verbundenheit hat der Glücksforscher Mihaly Csikszentmihalyi mit der Erfahrung des »Flow« identifiziert. Das Erleben von Flow wurde in unterschiedlichsten Zusammenhängen – vom Gebet bis zum Sport, vom Singen bis zur Gartenarbeit – gefunden. Flow entsteht, wenn man sich ganz und gar getragen und aufgehoben fühlt und voll in dem aufgehen kann, was gerade ist oder was wir gerade tun. Flowerfahrung kann sich in einer Motorradbande genauso einstellen wie in der Meditation. Wenn Künstler, Chirurgen oder Extrembergsteiger ganz bei der Arbeit sind – sozusagen im Fluss –, sind sie in einem Zustand des Glücks, sie erfahren sich als eins mit sich und der Umwelt. In solchen Zuständen sucht der Mensch das Glück nicht mehr, sondern er erlebt es. Der Kontakt zum Selbst darf aber nicht auf Glückserfahrungen reduziert werden, da Krisen und Leiden auch authentischer Ausdruck der Seele sind, die uns in die Tiefe der Wirklichkeit bringen können.

Es ist anzunehmen – und die vielen Beispiele, die in der Flowforschung gesammelt wurden (Csikszentmihalyi, 1991a), erhärten diese Annahme –, dass die Erfahrung der

Verbundenheit mit unserer Tiefe durch die Lebenseinstellung und den Lebensstil begünstigt oder erschwert wird.

Auch wenn wir das seelische Erleben nicht »machen« können, so können wir doch Umstände schaffen, in denen sich unser Inneres mitteilen kann. In der Stille, der Achtsamkeit und in der Hingabe an das, was wir gerade tun, eröffnen sich Pausen, Zeit zum Nachdenken und Nachfühlen. Hier liegt der Samen oder Ausgangspunkt für tieferes Erleben. Das Öffnen der Tür für Gott und sein Eintreten in uns ist ein und derselbe Augenblick, sagt Meister Eckhart.

Im Lassen Empfangen

Die Lebensauffassung, die mit der Haltung des Lassens zusammenhängt (vgl. Belschner, 2001), geht davon aus, dass gelingendes Leben in einer Haltung des Vertrauens gründet, ihr Kürzel ist das Lassen. In der Lebensphilosophie des Tuns will der Mensch sich selbst als Schöpfer seiner Handlungen erleben, er will seine Zeit, seinen Lebensraum eigenständig planen und gestalten und bemüht sich um Kontrolle – gerne auch bis in die Zeit des Sterbens hinein. Leben und Lebensqualität müssen erkämpft werden, werden als bedroht erfahren und bedürfen daher der Absicherung. Die Lebenseinstellung des Lassens und Vertrauens geht hingegen davon aus, dass das Leben ein Geschenk ist. Zu dieser Einstellung gehört auch die Überzeugung, dass es in mir und um mich herum eine Wirklichkeit gibt – jene der Seele –, die ich nicht messen, berechnen, vorhersehen und kontrollieren kann, die mir aber grundsätzlich gewogen ist. Das Leben wird mir gewährt, es ist mehr, als meine

Erkenntnisse und Ziele erfassen können. Deshalb kann und brauche ich es im Wesentlichen nicht gegen Gefährdungen abzugrenzen und zu schützen. Ich brauche mein Leben nicht abzusichern, sondern ich muss Raum schaffen, damit es sich ereignen kann. Diese Haltung hat weder mit Fatalismus noch mit Trägheit zu tun, sondern mit dem Glauben und Vertrauen, in der weiten Wirklichkeit des Lebens verwurzelt zu sein. Das Empfinden dafür können wir nicht aktiv erzeugen, sondern es ereignet sich durch Hingabe und Loslassen. Wenn wir die Absichten, die wir vielfach an alle Tätigkeiten und Ereignisse binden, aufgeben, wenn Planen, Wünschen und Kontrollieren zeitweise zurücktreten, stellt sich oft eine alternative Wahrnehmung ein: Ich erlebe mich getragen, ohne dass ich mich anstrengen muss; ich erlebe, dass sich Neues ereignen kann, wenn ich mein Wollen aufgebe. Damit werden wir auch achtsamer, spontaner und empfänglicher für das, was im Hier und Jetzt geschieht, was die Gegenwart erschließt und dessen wir nicht gewahr werden, wenn wir auf unsere Ziele und Interessen fixiert sind.

Ebenso wie es sich nicht ständig in der Dimension des Tuns leben lässt, ist es nicht zuträglich, ständig in der Dimension des Lassens zu leben. Es geht vielmehr darum, im dynamischen Spiel beider Haltungen unerlässliche Aspekte unserer Wirklichkeit zu entdecken und die Fähigkeit zu entwickeln, die Gedanken, Gefühle und Verhaltensweisen, die mit dem jeweiligen »Lebenskürzel« (Tun oder Lassen) zusammenhängen, bewusst zu nutzen.

Sabbat – die Seele der Seele

Die Kultur des Loslassens hat in der jüdisch-christlichen Tradition im Sabbat bzw. Sonntag einen einmaligen Ausdruck gefunden. Wie verschieden das Sabbatgebot oder -angebot auch verstanden wird: Es geht im Kern darum, die gewohnte Leistungs- und Anstrengungserfahrung regelmäßig zurückzunehmen, die sozialen Kontakte zu reduzieren, und darin der besonderen Kraft und Gegenwart des Wirkens Gottes Raum zu geben. Wichtig ist die Regelmäßigkeit dieser Alltagsunterbrechungen. Und sie beschränken sich auch nicht auf den einen Tag der Woche. Sabbatfähigkeit und Sabbatbedürfnis, das Bedürfnis nach Unterbrechung, scheinen nämlich in unserem neuronalen System angelegt zu sein. Unser Gehirn regt uns an, bereits im Verlauf von Tag und Nacht immer wieder mehr oder weniger intensive Pausen oder Verarbeitungsphasen einzulegen. Dies wurde an den sogenannten ultradiaden Biorhythmen und bei der Erforschung der Schlafrhythmen beobachtet. Wesentlich dabei ist, dass wir lernen, uns in diese »Hintergrundbewegungen unseres Organismus« einzuschwingen. Denn je mehr wir diese Rhythmen wahrnehmen und respektieren, umso natürlicher, gesünder und kreativer kann unser Leben werden. Mit der Beachtung dieser Lebensrhythmen im Verlauf des Tages und der Nacht unterstützen wir unser Gehirn darin, unser Leben zu ordnen und zu deuten. Deutung geschieht vorwiegend, indem Erinnerungen zu sinnvollen Geschichten zusammengeführt werden und dem Leben dadurch Sinn und Bedeutung geben. Bezeichnend ist, dass dies vorwiegend nicht über unser Tun, sondern vor allem über das Geschehen-Lassen verwirklicht wird.

Im menschlichen Gehirn ist eine besondere Struktur für Erinnerungen und die spezifische Anordnung der Erinnerungen zuständig. Ohne Erinnerung und ohne die Strukturierung von Erinnerung gibt es keinen Sinn. Erinnerung und Strukturierung werden über ein »Arbeitsgedächtnis« geleistet, welches Ereignisse autobiografisch verarbeitet und speichert. Möglich wird dies durch ein persönliches Verhältnis zu Ereignissen und Bereichen, denen wir uns zugehörig fühlen. Dieses spezifische Arbeitsgedächtnis verbindet Vergangenheit und Gegenwart über unser Erleben, gibt uns Identität und den Ereignissen Sinn (Ashbrook, 159–168).

Aus neurologischen Beobachtungen wissen wir, dass die biochemische Voraussetzung für diese Fähigkeit über den abwechselnden Rhythmus zwischen wachen, schlafen und träumen erzeugt wird: über den Rhythmus, den die Schlafforschung entdeckt hat. Danach dauert ein Schlafzyklus 120 Minuten: Davon ruhen wir ungefähr 75 Prozent und etwa 25 Prozent wird vom REM (Rapid Eye Movement)-Schlaf bestimmt. In der Ruhezeit werden Geist und Körper »heruntergefahren«, wir ruhen wirklich. In der REM-Zeit deutet, ordnet und interpretiert unser Geist. Dabei können wir uns vorstellen, dass im REM-Schlaf ein Teil unseres Bewusstseins zuschaut, wie wir deuten und ordnen. Dies geschieht, ohne zu urteilen und einzugreifen. Das ist die Erfahrung, in der alles möglich ist, von der unsere unglaublichsten Träume und Bilder erzählen.

Auch die Schöpfungsgeschichten im ersten und zweiten Kapitel des Buches Genesis spiegeln die Struktur »schaffen, schauen, ausruhen« in immer wiederkehrender Form: »Im Anfang schuf Gott Himmel und Erde; die Erde aber war wüst und leer … es wurde Abend und es wurde Morgen – erster Tag«.

Bei einigen Schöpfungstagen lesen wir den Hinweis: »Und Gott sah, dass es gut war«. Das, was zwischen Abend und Morgen passiert, wird nicht beurteilt oder gar verurteilt und es urteilt auch selbst nicht – es ist ein Raum und eine Zeit, die jenseits von Gut und Böse ist und allem Raum lässt. Für ein gutes Leben und unsere Entwicklung brauchen wir diesen offenen, freien Raum, der im modernen Kulturbewusstsein, wie nachfolgend kurz begründet wird, bedroht ist.

Nachdem sich der moderne Mensch von vielen gesellschaftlichen, religiösen und moralischen Zwängen emanzipiert hat, liefert er sich heute einem enormen Druck aus, den Leistungs- und Konsumgesellschaft erzeugen. Deshalb brauchen wir Freiräume, in denen wir uns von allem Druck befreien und sagen können: »So wie es ist, ist es gut«.

Wir beobachten an uns selbst und an Menschen, die uns nahestehen, dass wir lernen, immer mehr zu leisten. Nur so glauben wir, den Ansprüchen des Lebens entsprechen zu können. Dieses »Immer mehr, immer schneller, immer besser« ist ganz tief in unser Lebensskript eingraviert. Wir lernen aber nicht oder nicht mehr, wie wichtig Ruhe, Muße, die Zeit der Deutung und der Interpretation dessen, was wir tun, für unser Leben ist. Wir haben verlernt, Pausen zu machen, ein bewusstes »Und es wurde Abend und es wurde Morgen« zwischen unsere Werke und unser Arbeiten zu stellen. Denn das, was zwischen Abend und Morgen passieren muss oder müsste – damit es uns gut geht und damit wir uns organisch entfalten können –, ist nicht nur das Ausruhen, sondern das positive und bejahende Deuten unseres

Lebens: »Und er sah, dass es gut war«. Was im Traum, während des Schlafes Nacht für Nacht geschieht oder geschehen sollte, ist das Minimalprogramm des Lassens, die Einübung in eine vom Sabbatgedanken geschulte Lebensweise. Sie gilt es auszudehnen, ins Wachbewusstsein zu übersetzen. Denn ein Lebensstil, der diese Rhythmen respektiert, ist die Basis eines guten Lebens und unserer Schaffenskraft. In der Ruhe, im Lassen stoßen wir außerdem auf die Schnittstelle zwischen unserer Endlichkeit und der Unendlichkeit, zwischen Existenz und Essenz. Diese Fähigkeiten und Bedürfnisse anzusprechen und zu gestalten, ist das Kernland des Religiösen.

II.

Die Seele der Religion

Religion gehört zu den interessantesten Phänomenen menschlichen Denkens und Verhaltens. Seit es Erinnerung an menschliche Kultur gibt, gibt es Religion. Oft totgesagt, kehrt sie in neuen Formen immer wieder. Es gibt weltweit keine Sprache, keine politische Partei, keine Sportart, die so viele Menschen verbindet – leider auch trennt und gegeneinander stellt – wie die Religion. Von den derzeit 7,1 Milliarden Menschen auf der Welt gehören 5,9 Milliarden Menschen einer Religion an. Über die Stärke der Bindung an diese Religion ist dabei allerdings noch nichts ausgesagt. Ein Viertel der Bevölkerung Europas schätzt sich selber als ziemlich beziehungsweise sehr religiös ein (Religionsmonitor 2013, 16.18). Jenseits der enormen Veränderungen, die sich auch auf diesem Gebiet realisiert haben, ist es interessant festzustellen, dass Religion trotz allem für so viele Menschen Bedeutung hat.

In der westeuropäischen Welt ist das Christentum die bestimmende Religion. Von diesen Christen wird aber gesagt, »… dass sie weniger christlich sind als Theologen und Sozialforscher bisher annahmen, aber religiöser, als diese vermuteten« (Popp-Baier, 2011). Religiöse Verhaltensweisen lassen nicht nach, sondern ändern sich, und es geht – in der Beobachtung der Religion – auch darum zu erkennen, dass die Religion Formen annimmt, welche in unserer Vergangenheit gar nicht als religiös gedeutet worden wären. Nachdem die Kirchen das Definitionsmonopol über die Formen und Inhalte der Religion verloren haben, suchen die Menschen nach eigenen Wegen, um mit der ersten und letzten Wirklichkeit in Kontakt zu kommen. Viele Menschen kennen Orte in der Natur, die ihnen guttun und sie in die Tiefe führen, andere setzen sich in eine leere Kirche, wieder andere werden durch Kunst oder Musik so angerührt, dass sie wissen, dass das Leben von einer großen, weiten und guten Wirklichkeit getragen ist. Schüler setzen sich vielleicht irgendwo unter einen Baum im Park, um über den Tod einer Klassenkameradin oder die lebensbedrohende Krankheit der Mutter eines Freundes zu sprechen. Und in dieser Erfahrung erleben sie Gemeinschaft und eine Kraft, die sie zusammenhält und ihnen hilft, das Unverstehbare in der Stille der Sprachlosigkeit oder in unbeholfenen Worten zu erfassen. Wahrscheinlich haben auch Partys und Sportereignisse im weitesten und eigentlichen Sinn religiösen Charakter und religiöse Funktionen, indem sie über sich hinaus auf einen größeren Zusammenhang verweisen.

Die Kirchen lasten den Rückgang der christlichen religiösen Praxis und der Zugehörigkeit zu einer bestimmten Konfession häufig der Modernität unserer Zeit an. Aber die Beobachter der religiösen Entwicklung weisen in eine andere Richtung: Es ist nicht die Modernität, welche die Kirchen in Europa schwächt, sondern ihr Verhalten gegenüber der Moderne. Nordamerika ist zum Beispiel sicher nicht weniger modern und plural als Europa. Dennoch haben Modernität und Pluralismus dort nicht zu einer solchen Säkularisierung geführt wie in Europa, denn: »In Europa entstand die moderne Gesellschaft gegen das Christentum, in

Amerika mit seiner Hilfe« (Zulehner/Polak, 2009, 151). Das heißt, dass Religion, auch die christliche, heutige Menschen trotz Säkularisierung und Pluralismus ansprechen und bewegen kann. Meine These ist: Wenn Religion zur »Religion der Seele« wird, vermag sie auszudrücken, was uns alle verbindet. Im Folgenden will ich Religion als eine Funktion der Seele betrachten. Ich will aufzeigen, was Religiosität leisten kann, wenn sie sich auf die Gesetzmäßigkeiten der Seele bezieht.

Ursprung und Zukunft einer unsterblichen Idee

Trotz der verschiedenen Interpretationen dessen, was Religion ist, trotz des Hinweises von Religionswissenschaftlern, man sollte den Begriff Religion ganz und gar vermeiden – wegen seiner Widersprüchlichkeit und der Tatsache, dass er aufgrund der historischen Belastung und Festgefahrenheit nicht mehr das sagen kann, was er eigentlich sagen müsste. Trotz alledem hat es bis in unsere Zeit herauf immer wieder Versuche gegeben, Religion beziehungsweise die Erfahrungen, welche mit diesem Begriff verbunden werden, zu definieren. Ein Spektrum verschiedener Definitionen ist deshalb hilfreich, die Weite und den Reichtum dessen, was Religion bedeuten kann, darzustellen.

Als die Religionspsychologie noch in den Kinderschuhen steckte, schrieb der amerikanische Psychologe William

James 1902 ein grundlegendes Werk zur Religionspsychologie und lieferte damit eine noch immer brauchbare Definition von Religion: »Das religiöse Leben besteht in der Überzeugung, dass es eine unsichtbare Ordnung gibt und dass unser höchstes Gut in einer harmonischen Anpassung an diese liegt. Diese Überzeugung und diese Anpassung machen die religiöse Geisteshaltung aus« (James, 84 f.). Aus dieser Überzeugung und Anpassung entstehen Gedanken, Gefühle und individuelle und kollektive Rituale, die sich zu einer Religion entwickeln.

Kaum jemand aber hat die zentralen Bilder, welche im Laufe der Zeit entwickelt wurden und die Erfahrung religiösen Erlebens wiedergeben, so treffend zusammengefasst wie der Theologe Richard Niebuhr: »Der religiöse Mensch ist ein Mensch, der Magie erzeugt (Malinowski), der Angst hat (Hume), der auf das Unbedingte ausgerichtet ist (Tillich) und der vor der Manifestation des Numinosen erzittert (Otto); Religion ist das, was der Mensch aus seiner Einsamkeit heraus gestaltet (Whitehead). Der religiöse Mensch fühlt seine absolute Abhängigkeit (Schleiermacher) und sucht in seiner Arroganz das Göttliche und die Vergöttlichung (K. Barth), er hat ein unstillbares Heimweh nach seinem Ursprung (M. Eliade), erzeugt Mythen (Cassirer) und gibt sich selbst transzendierender Schönheit hin (J. Edwards)« (zit. nach Schüssler Fiorenza, 33).

Dieser Reichtum an Zugängen und Interpretationen ist eine Anregung, alle engen und eingefahrenen Vorstellungen von Religion beiseitezuschieben und, um der großen Kraft und Vision willen, welche hinter diesem Begriff steht, auf billige Transzendenzversuche zu verzichten. Denn die Vielfalt dieser Bilder, welche nicht reduziert werden sollte, weist darauf hin, wie weit und reich die Impulse sein können: von der Angst und dem Erschrecken vor dem unaussprechbaren Geheimnis bis zur Ahnung und Erfahrung der Schönheit und der Beheimatung in der Weite und Tiefe des Lebens. Einer Beheimatung, die uns letztendlich niemand geben kann und auf deren Verheißung wir nur aus der Tiefe unserer Sehnsucht schließen können.

Ein lateinisches Konstrukt

Um zu verstehen, welche Funktion Religion in unserem Kulturkreis übernommen hat, ist es sinnvoll, ihrer sprachlichen und geschichtlichen Spur nachzugehen. Gegen die allgemeine Annahme, dass der Religionsbegriff etwas sehr Altes ist und in allen Kulturen vergleichbare Formen hat, ist darauf hinzuweisen, dass der Begriff erst von den Römern geprägt wurde. In der abendländischen Literatur findet sich das Wort *religio* zuerst beim römischen Schriftsteller und Staatsmann Marcus Tullius Cicero (106–43 vor Christus). *Religio* ist für ihn zusammen mit *pietas* (Frömmigkeit) und *sanctitas* (Heiligkeit) ein besonderes Kennzeichen römischer Kultur und steht einer übertriebenen und unreflektierten Praxis, der *superstitio* (Irrglaube, Aberglaube, Wahn), gegenüber. Im Römischen Reich war man der Auffassung, dass ohne die höchste Versöhnung der Götter (durch die Religion) die *Civitas Romana* nicht so groß hätte sein können (Feil, 267). In dieser ursprünglichen Form führt sich *religio* auf *relegere* (wieder lesen) zurück und bedeutet schlussendlich: in den heiligen Dingen genau, gewissenhaft, penibel zu sein und mit dem Heiligen, auch in Bezug auf die Riten und die religiösen Zeremonien, aufmerksam und achtsam umzugehen.

Erst die christlichen Theologen Lactantius und Augustinus (beide 4. Jahrhundert nach Christus) führen die Wortwurzel für Religion nicht mehr auf *relegere*, sondern auf *religere* zurück und meinen, Religion hat eher mit Rückbindung – an Gott oder an das Göttliche – zu tun. *Religio* hatte im Römischen Reich die durchaus wichtige gesellschaftliche Funktion, das Volk in Eintracht und das Heer im Gehorsam zu halten (Feil, 273). Im späteren Verlauf der Geschichte ist die politische Funktion der Religion nicht einheitlich, wiewohl immer wieder Phasen auszumachen sind, in denen die politischen Machthaber und die Herrscherhäuser sich der Religion in rücksichtsloser Weise bedient haben. Aber auch umgekehrt haben religiöse Führer und Strukturen weltliche Macht ausgeübt, gebraucht und missbraucht.

Aus diesen Gründen kann der Philosoph Jacques Derrida behaupten, Religion sei eine europäische Angelegenheit. Diese Feststellung hat vor allem vor dem Hintergrund der interkulturellen Begegnung und des Dialoges weitreichende Folgen. Denn mit dem »Export« der Begriffe werden auch Lebensdeutung und Macht exportiert. Deshalb spricht Derrida in diesem Zusammenhang nicht von Globalisierung, sondern von »Globallatinisierung« (Derrida, zit. nach Ward, 5; Morphy 2011, 25). Das heißt, dass auch die Religionen zu jenen Kräften und Mächten zu zählen sind, die die anderen Völker – mit ihren »religiösen« Werten und Vorstellungen – überfahren und zum Teil ausgelöscht haben.

Wenn Religion ein typisch lateinisches, maximal europäisches Deutungssystem der Welt, des Menschen und des

Lebens ist, stellt sich die Frage, wie andere Kulturen mit den Themen umgehen, die der europäische Kulturraum mit dem Begriff Religion verbindet.

Die aus der westlichen und vorwiegend christlichen Tradition herausgewachsene Theologie ist vorwiegend an Überlieferungen und Texte gebunden, die östlichen Traditionen sind eher erfahrungsbezogen. Die monotheistischen Traditionen sehen als handelndes und verantwortliches Zentrum mehr das Ich, während die östlichen Traditionen des asiatischen Raums eher ein »ungebundenes Selbst« als Wirkungskraft im Menschen sehen. In Bezug auf die Schöpfung betonen die westlichen Religionen die Transzendenz des Wesens Gottes, während die östlichen Religionen ihre Aufmerksamkeit der Immanenz Gottes in der Schöpfung zuwenden. Dieser dritte Unterschied enthält wesentliche Folgerungen für die jeweiligen Vorstellungen von Inkarnation und Erlösung. Unter den westlichen Religionen verwendet vor allem das Christentum den Begriff der Sünde, um die grundlegende Situation des Menschen zu beschreiben. In den östlichen Traditionen ist die Unwissenheit der fundamentale Gesichtspunkt, der Los und Chance des Menschen beschreibt. Schließlich ist die Vorstellung vom Ende oder vom Leben nach dem Tod in den westlichen und östlichen Traditionen sehr verschieden. Die abrahamitischen Traditionen haben vielfach ein Gottesbild, nach dem sich die Sehnsucht des Lebens in Gott und nach dem Tod erfüllt, während die östlichen Traditionen durch das Konzept der Erleuchtung in eine Erfahrung gelangen, welche jenseits der Zeit liegt und die Trennung zwischen Gott und Mensch aufhebt (vgl. Tong, 337 f.).

Diese Unterschiede sind die Ursache für die verschiedenen Wege, welche Religionen im Laufe der Geschichte genommen haben, und für die je eigenen Auswirkungen auf Individuen und Gesellschaften. Es gilt zunächst, diese Unterschiede anzuerkennen und zu verstehen. In der Begegnung der Religionen können wir aber sehr viel voneinander lernen und gerade in der Auseinandersetzung mit den Unterschieden das je eigene besser verstehen.

Jerusalem und Benares: Offenbarung und Innerlichkeit

Jene Religionen, die das geprägt haben, was wir »die Wirklichkeit des Abendlandes« nennen, setzen im Unterschied zu anderen Religionen die Tatsache der Offenbarung voraus und entwickeln aus ihr religiöse Konzepte und Vorstellungen. In den fernöstlichen Religionen dagegen gibt es keine Offenbarung im Sinn der abrahamitischen Traditionen (Judentum, Christentum und Islam). Religiosität gründet dort in einem inneren Impuls, der uns anleitet, mit der Welt, in der wir leben, aber auch mit den Dimensionen des Lebens, die uns überschreiten und von deren Entwicklung wir keine Ahnung haben, umzugehen. Religiosität ist demnach eine individuelle Kraft oder eine psychische Energie, die besondere Funktionen für die Lebensbewältigung hat und aufgrund des weiten Horizonts, den sie dem Leben gibt, ein anderes Lebensgefühl vermitteln kann.

Nicht nur die Religionen und die Kirchen, auch die Kulturen werden sich in einer Welt, die immer mehr zusammenwächst, der Herausforderung stellen müssen, dass ein Teil der Menschheit ganz andere Vorstellungen vom Hintergrund der Welt hat. Diese Erkenntnis muss zu einem kreativen Dialog zwischen den verschiedenen Vorstellungen führen und wird vielleicht eine neue Form der Religion hervorbringen. Das ist im Grunde nicht neu. Denn auch die jüdisch-christliche Tradition ist aus einem ähnlichen Dialog und der sich daraus ergebenden Integrationsbewegung entstanden. Peter L. Berger, einer der bekanntesten Religionssoziologen unserer Tage, fordert für die Zukunft des Christentums den Sprung von Jerusalem nach Benares und meint damit die Annäherung zwischen den Zentren der monotheistischen Religionen und den Zentren der fernöstlichen Religionen (Berger, 1980, 171 ff.).

Die unsichtbare Kraft der Religion

Jenseits der oben beschriebenen Unterschiede zwischen den Buchreligionen und den Religionen, die keine Offenbarung im Sinne der Buchreligionen kennen, kann behauptet werden, dass der religiöse Impuls, ob er nun über Offenbarung oder als innere Anregung ausgelöst wird, gemeinsame Themen anspricht, die offensichtlich überzeitlich sind. Was die Religionen verbindet, ist mindestens und sicher »die Wahrnehmung des Geheimnisses und die Reaktion darauf« (Indinopulos, 370). Weil der Mensch vor dem Unvorhersehbaren, vor dem Unbekannten und vor dem Geheimnis nicht fliehen kann, ist er religiös. Und damit stoßen wir auf die Grundherausforderung und Paradoxie religiösen Denkens, Fühlens und Verhaltens: Religion muss das Geheimnis der Welt als aktive Kraft im Leben der einzelnen Menschen und der Gesellschaft wachhalten und Anregungen geben, wie man mit dem Geheimnis leben kann, ohne es durch zu viel Wissensvorgaben außer Kraft zu setzen. Sie muss die Bedeutung des Geheimnisses aufzeigen, ohne den Anspruch zu erheben, es durchschauen und darstellen zu können. Denn in dem Augenblick, in dem dies geschieht, ist es kein Geheimnis mehr und verliert seine Kraft.

Das Geheimnis ertragen lernen

Die Versuchung aller Religionen ist, ausdrücken und darstellen zu wollen, was man nicht darstellen kann und darf. Religion und ihre Vertreter müssen immer wieder lernen, dass es ihre Aufgabe ist, das Geheimnis zu zeigen und zu bewahren: zu sagen, dass man es nicht sagen kann; zu zeigen, dass man es nicht sehen kann und damit mitzuteilen, welche unersetzliche Bedeutung und Funktion das Geheimnis hat. Wenn Jesus vom Reich Gottes spricht, meint er, dass man es nicht sieht oder hört, obwohl es schon in uns und unter uns ist. »Das Reich Gottes kommt nicht so, dass man es an äußeren Zeichen erkennen könnte. Man kann auch nicht sagen: Seht, hier ist es!, oder: Dort ist es! Denn: Das Reich Gottes ist (schon) mitten unter euch« (Lukas 17,20b–21).

Immer wieder hat es die Versuchung gegeben, die Kraft des Geheimnisses unter anderem durch Dogmen, Riten und Macht zu ersetzen und es dadurch zu schwächen. Im

Grunde geht es aber nur darum, dass wir lernen, das Geheimnis auszuhalten. Denn in diesem Aushalten entwickelt sich jeweils neu die Verbindung zu Gott, zum Göttlichen und zum Geheimnis des Jenseitigen.

Hier liegt auch ein wichtiger Grund für die Krise der Kirchen, die mit der Aufklärung begonnen hat. Die Aufklärung hat den Wahrheitsanspruch der Religion, genauer der Kirchen, infrage gestellt und bekämpft. Man bezweifelte, dass Transzendenz sich so klar in heiligen Büchern und Riten ausdrücken und mit religiösen Institutionen verbinden lassen könne. Zunächst gerieten die Kirchen bei einem großen Teil der Gesellschaft in Misskredit. Es wurde nicht nur bestritten, dass die Kirchen das Göttliche und die Transzendenz vertreten oder symbolisieren könnten, auch die Existenz Gottes, die Wirklichkeit einer Transzendenz, wurde als Aberglauben abgetan. Der aufgeklärte, freie Mensch war der Mensch, der ohne die Hirngespinste der Religion zurechtkam. Von diesem Transzendenzverlust hat sich unsere Kultur noch lange nicht erholt, er scheint mir ein tiefes Problem der aufgeklärten westlichen Kultur und Lebenserfahrung zu sein. Denn infolge dieser totalen Emanzipation hat der Mensch auch die Essenz des Humanen verloren, ist sich selbst fremd geworden und hat auch das Gefühl einer fundamentalen Einheit von Welt und Gott und der Zugehörigkeit zur Welt eingebüßt. Ein kollektiver Sinnverlust in diesem Maße war in der Geschichte des Abendlandes bisher nie zu beobachten (Abe Masao 1992, 51).

Gerade an diesem Punkt ist eine Auseinandersetzung mit den östlichen Traditionen fruchtbar. Denn in unserer Gegenwart bricht zwar bei vielen Menschen im Westen die diffuse Sehnsucht nach Gott wieder auf, aber nicht nach der Kirche. Die etablierten Institutionen bleiben vielen Zeitgenossen suspekt, die östliche Religiosität dagegen weist einen nicht belasteten Weg zur Möglichkeit des Ergriffenseins durch die Transzendenz auf, der im Inneren und Eigenen ansetzt. Hier scheint unter anderem der Grund dafür zu liegen, warum so viele Menschen von den fernöstlichen Religionen fasziniert sind und warum viele Menschen, die z.B. nach Indien reisen, davon berichten, dass Mensch und Gesellschaft dort Transzendenz ausstrahlen oder übertragen. Mich macht das froh, denn ich lese diese Erzählungen als ein Zeichen dafür, dass der Sinn, das Gefühl für Transzendenz in einer Kultur bewahrt und übertragen wird. Oder dass, wenn das nicht oder nicht mehr der Fall ist, die Menschen Wege finden, dieses Gefühl für die Transzendenz aufzuwecken. Und wenn sie dafür bis nach Indien reisen müssen.

Auch am Beispiel des Pilgerns wird deutlich, dass viele Menschen die Sehnsucht haben aufzubrechen, dass sie auf der Suche nach sich, nach einer neuen Lebensausrichtung, nach Gott oder nach einem neuen Sinn für ihr Leben sind. Pilgern ist eine in allen Religionen übliche Form selbstgestalteter Religiosität.

Viele Mythen oder Heldenerzählungen – die Odyssee, die Aeneis, die griechischen Mythen – berichten von solchen Reisen, zu denen Menschen aufbrechen mussten, um in schweren Auseinandersetzungen die tiefere Schicht des Lebens, das Göttliche oder die letzte Wirklichkeit zu suchen. Diese Suche nach der letzten Beheimatung oder Erlösung des Menschen leuchtet auch in der bekannten Geschichte vom verlorenen Sohn im Lukasevangelium auf oder in Dante Alighieris Werk »Göttliche Komödie«. Immer müssen die Menschen einen Läuterungsweg gehen – durch ihre Hölle und ihr Fegefeuer –, bevor sie fähig werden, die Erfahrung des Paradieses zu machen. Auch die Biografie Buddhas erzählt eine solche Geschichte.

Alle Kulturen haben Mythen, Geschichten und Riten der Initiation. In der europäischen Kultur wurden sie vielfach durch die Christianisierung verdrängt. Die Aufbruchprozesse und Wege der geistigen Erneuerung, von denen die Initiationsgeschichten erzählen, wurden durch die christlichen Sakramente »ersetzt« (Eliade, 1997, 221). Eine Folge der Sakramentalisierung ist – verkürzt gesagt –, dass die persönliche Erfahrung, die Eigenverantwortung und das individuelle Engagement des Menschen an der Initiation in die Welt der Transzendenz schwanden. Mit dem Geschenk des Heils verliert der Mensch den Weg, der zu gehen ist. Hier liegt meines Erachtens die Ursache für ein zentrales Problem des christlichen Verständnisses der Zusammenhänge menschlicher Entwicklung. Das eher dualistische christliche Menschenbild geht ja von einer Trennung der leib-seelischen Wirklichkeit aus und verhindert mit der Verheißung, dass eine Erlösung im Jenseits das Wesentliche an der Verwirklichung religiöser Existenz sei, den Weg zu sich selbst, zur Läuterung des eigenen Lebens und damit zur Erfahrung des Göttlichen im Hier und Jetzt. Gerade das tun die östlichen Traditionen in ihrer Grundausrichtung nicht: Der Weg wird nicht erspart, nicht abgekürzt. Niemand kann dem Menschen wirklich seinen Weg abnehmen: kein Buch, kein Guru, keine Lehre, keine Zugehörigkeit zu einer Gemeinschaft. Weitsichtige Kritiker des Christentums haben diese Falle, die unersetzbaren Schritte, die der Einzelne gehen und verantworten muss, durch Riten und Verheißungen zu ersetzen, erkannt und scharf angegriffen. Der Religionspsychologe Antoine Vergote hat nach einem langen Leben des Forschens und Suchens die These aufgestellt, »dass das christliche Paradigma weder mythisch noch magisch, sondern inkarnatorisch ist«. Damit hat er eine zentrale Problematik der Entwicklung des Christentums angesprochen: Ein automatisches Verständnis der Sakramente, eine magische Vorstellung von der Entstehung und Wirkung der Heiligen Schrift, die mythische Phantasie, die oft mit Rollen und Ämtern in den Kirchen verbunden ist, hindern uns daran, den inkarnatorischen Weg zu gehen, den auch Jesus gegangen ist. Inkarnation heißt Menschwerdung, heißt, sich den Gesetzen – auch den inneren und psychischen – zu stellen und im inneren und äußeren Prozess keine Abkürzungen zu verwenden. Inkarnation heißt aber auch, dass ich und nur ich meine Sache zu entscheiden habe und meinen Weg gehen muss. Martin Luther und die Reformation haben durch das *sola fide* einen wesentlichen Impuls der Bewusstwerdung in diese Richtung geleistet. Eine Religion für die Seele muss die Vorgaben des Menschseins auf allen Ebenen respektieren und muss in sich jenen Punkt suchen, an dem das Gewollt- und Getragensein durch die letzte Wirklichkeit erfahren werden kann.

Übung für die Seele: Persönliche Ergriffenheit

Nimm dir genügend Raum und Zeit, setze dich hin, atme einige Male tief und langsam ein und aus und schließe deine Augen ... Frage dich: Wann ist es mir geschehen, dass ich aus heiterem Himmel heraus von etwas erfasst wurde, das mich zutiefst berührt hat? Vielleicht war es die Erzählung, dass Menschen ohne Grund gut zueinander waren, einander geholfen oder vergeben haben; vielleicht ein Sonnenaufgang oder Sonnenuntergang; vielleicht die Gewalt der Meeresbrandung; vielleicht der dicht bewölkte, tiefschwarze Himmel oder die reine Luft; vielleicht ein Bild oder eine Musik; vielleicht die Hingabe eines Menschen im Sterben; vielleicht der Mut zu einem neuen Anfang in einer Phase deines Lebens; vielleicht tiefe Dankbarkeit ...

In solchen Erlebnissen spürst du, dass das Leben mehr ist als Planung und Leistung und dass du getragen bist.

Wie fühlt es sich an, was löst es aus, mit dieser tragenden Wirklichkeit verbunden zu sein?

Vielleicht gelingt es dir, aus dieser Verbundenheit heraus Situationen oder Probleme anzufühlen, in denen du eine andere Kraft und Sicht brauchst.

Sei dankbar zu wissen, dass du auch dann getragen bist, wenn du es nicht wahrnimmst.

Jesus spricht an prominenter Stelle, mitten in der Bergpredigt, dort, wo es um zentrale Verhaltensweisen religiösen Lebens geht (Beten, Fasten und Almosen geben), davon, dass es eine ständige Gefahr ist, religiöses Denken, Fühlen und Verhalten vom Urteil anderer abhängig zu machen. Wer Religiosität mit sozialer Anerkennung verbindet, habe seinen Lohn bereits erhalten, sagt Jesus (vgl. Matthäus 6,1–18). Wenn der Mensch die Sinnhaftigkeit und Motivation für Religiosität primär von der Außeneinschätzung abhängig macht, kann diese nicht in die göttliche Dimension hineinreichen. Ein so außengeleiteter Mensch bleibt immer unfrei, auch wenn er sich religiös verhält. In die letzte Wirklichkeit führt uns Religiosität nur, wenn sie auch in ihr begründet und von ihr motiviert ist. Wenn dies der Fall ist, gewinnt Religiosität eine Unabhängigkeit von der Meinung anderer und gibt ihr und den Menschen, die aus ihr leben, eine neue Freiheit und Tiefe. So kann authentische Religiosität dabei helfen, sich aus der Abhängigkeit von der Meinung der anderen zu befreien. Religion in ihrer besten Form unterstützt Menschen und die Gesellschaft darin, ihr Verhalten nach inneren und authentischen Motiven auszurichten.

Religionswissenschaftlich kann man sagen, dass Religion eine beobachtbare Außenseite (Riten, Lehren, Gebäude, Ideen, Institutionen und so weiter) und eine Innenseite hat, die allerdings nicht beobachtbar ist. Letztere ist ihr authentischer Ursprung, der sich idealerweise in die Außenseite der Religion übersetzt. Wenn der Außenseite aber die Innenseite fehlt, die persönliche Erfahrung und Überzeugung, verliert Religion ihre authentische Funktion und Kraft; wenn sich die Kirchen an ihrem äußeren Erscheinungsbild festmachen, verlieren sie Lebendigkeit und Authentizität; wenn Religion äußerlich so etabliert und verfestigt ist, dass sie nicht mehr in der Lage ist, das Geheimnis lebendig zu halten und spürbar zu machen, erstarrt sie in Strukturen. Da es aber leichter ist, Lehren festzulegen und Verhaltensnormen einzufordern, als zum Beispiel zu erklären, was einen gläubigen, einen religiösen Menschen ausmacht oder was Menschen von einer Glaubensgemeinschaft wegtreibt oder sie mit einer Glaubensgemeinschaft verbunden hält, konzentrieren sich die Religionen oft auf die äußeren, scheinbar kontrollierbaren Wirklichkeiten der Religiosität. Doch die zentralen Aspekte der Religiosität lassen sich nicht über äußere Beobachtungen einsehen, sondern spielen sich in der Tiefe der Seele ab. Sie können weder aus der Beobachterperspektive noch aus der Perspektive der Organisation und der Lehre authentisch wahrgenommen werden, sondern nur aus der individuellen Perspektive der Betroffenheit und der Partizipation.

Religionen sind in ihrer besten Form eine Art Navigationssystem, welches den Menschen davor bewahrt, sich im Leben zu verlieren, Zeit und Energie an unrealistische Erwartungen zu verschwenden oder sich an Ideologien oder Fundamentalismen zu orientieren. Immer dann, wenn sie diese Kernaufgaben vergessen, übersehen sie eine zentrale Funktion und Aufgabe, die sie für Mensch und Gesellschaft übernommen haben. Die Versuchung besteht darin, sich selber und eigene Ideen und Bedürfnisse in den Mittelpunkt zu stellen.

Die ersten drei Evangelien erzählen, dass Jesus vor seinem

öffentlichen Auftritt mit zentralen Fragen der Selbsteinschätzung und der Motive seines religiösen Lebens konfrontiert wurde. Jesus musste ganz alleine, auf sich gestellt, sich der Eigenart der Gottesbeziehung bewusst werden. In den Versuchungserfahrungen klärt Jesus für sich, worin die leitende Kraft seiner religiösen Gedanken und Gefühle wirklich besteht und wie sie mit den menschlichen Grundimpulsen und Grundbedürfnissen zusammenspielt. Authentische Religiosität erfordert die Klärung dieses Zusammenspiels. Wenn dieses Verhältnis nicht geklärt ist oder wenn es unbewusste Spannungen oder Spaltungen zwischen dem religiösen Impuls und den menschlichen Bedürfnissen gibt, können religiöse Gedanken und Gefühle pervertieren und dem Einzelnen und der Gemeinschaft zum Verhängnis werden. Die Versuchung Jesu in der Wüste kann als Modell für die inneren Auseinandersetzungen gelesen werden, denen sich der Einzelne und die Gemeinschaft immer wieder stellen müssen. Es sind, um ein altmodisches Wort zu gebrauchen, Läuterungen. Diese Läuterungen entfalten sich an den Fragen: »Wovon leben wir wirklich, worauf vertrauen wir wirklich, und was ›beten‹ wir wirklich an?«

In den Versuchungsgeschichten der Evangelien kommt der Impuls, der dazu führt, dass Jesus sich der Anfechtung stellt, von innen. Er wird vom Geist in diese Erfahrung geführt und gedrängt, sich mit den zentralen Steuerungs- und Energiezentren des Lebens zu konfrontieren: Welchen Kräften in meinem Leben gebe ich die Macht, welche Werte bestimmen meine Entscheidungen?

Die Evangelisten haben diese Geschichte nicht zufällig vor den Anfang des öffentlichen Auftretens Jesu gestellt. Die spirituellen Traditionen, die großen Mythen der Menschheit, aber auch die Psychologie lehren uns, was auch im Inhalt und in der Positionierung der Versuchungsgeschichte aufscheint: Es gibt keine Echtheit, keine Kraft und keine Glaubwürdigkeit in der Religion, wenn wir als Gemeinschaft und als Einzelne nicht den Weg nach innen und unten gehen. Wenn Religion vorwiegend mit Lehren, Moralvorschriften und Riten – d. h. mit Verhalten und von außen kontrollierbaren Aspekten – zu tun hat, statt mit innerer Erfahrung, werden wir immer versucht sein, es bei dem äußeren Verhalten bewenden zu lassen.

Obwohl niemand Zeuge der Versuchungen Jesu war und obwohl sie oder eben weil sie keine von außen sichtbaren Ereignisse waren, haben die Versuchungserzählungen in den Evangelien eine zentrale Bedeutung. Sie wurden für die junge Kirche zum Leitfaden der inneren Entwicklung. Denn schon damals bestand die zentrale Versuchung darin, der unkontrollierbaren Dynamik der Versuchung auszuweichen oder sie durch Vorschriften und Dogmen zu zähmen. Die Versuchungsgeschichten sind Initiationsgeschichten und Läuterungsmuster, denen wir uns immer wieder stellen müssen, sooft wir uns innerlich orten wollen oder müssen.

Übung für die Seele: Beten

Beten ist sprechen mit Gott, beten ist schweigen vor Gott, beten ist Gott in unserem Inneren zuhören, beten ist warten und zulassen, dass der betende Gott in mir betet (Kierkegaard).

Wenn du aber betest, so gehe in deine Kammer, schließe die Tür zu und bete zu deinem Vater im Verborgenen; und dein Vater, der in das Verborgene sieht, wird dir's vergelten (Matthäus 6,6).

So viele Situationen gibt es nicht, wo wir uns einsperren, vor der Öffentlichkeit verbergen. Denk einmal darüber nach, wo du dies machst oder wo du dich wohler fühlst, wenn es »ganz privat« hergeht.

Wahrhaftiges Beten ist in der Spiritualität Jesu offensichtlich etwas sehr Intimes. Geh in deine Kammer, schließ die Tür, geh in dein Innerstes. Von dort, wo Gott hinreicht und wohnt, bete zu deinem Vater, deiner Mutter, deinem Ursprung und deinem Ziel.

Meines Erachtens werden in der Intimität der verschlossenen Kammer zwei Wirklichkeiten bewusst gemacht und geschützt: der innere Raum und die innere Beziehung zu Gott.

Hast du diesen inneren Raum? Wo spürst du, erfährst du ihn? Vielleicht muss der innere Raum gar nicht in deiner Kammer bewusst gemacht werden, es kann in der Natur sein, in einem tiefen Gespräch, im Hören auf den Wind, auf eine Musik, die dich innerlich zum Schwingen bringt.

Die intime, echte Begegnung, wo sich z. B. Liebende ohne Schutz, nackt, begegnen, braucht einen Rahmen und Schutz. Gott dürfen, ja müssen wir auch so begegnen, wie wir sind; ohne den Schutz der Masken, die wir im Leben verwenden, damit die Mitmenschen uns so einschätzen, wie wir möchten oder wie wir es brauchen, um uns sicher zu fühlen. Die Kammer schließen heißt, diese Masken ablegen und uns ganz hingeben.

Unabhängig davon, warum oder wofür wir beten – Beten wird ja vielfach mit Bitten oder Danken in Verbindung gebracht –, geht es beim Beten um die Bewusstwerdung und Pflege des inneren Raumes und um das Bewusstwerden und die Pflege einer der intimsten Beziehungen, derer der Mensch fähig ist: Diese zwei Erfahrungen zu suchen und zu erleben, ist meines Erachtens wesentliches Gebet; nicht reden, sondern hören und spüren.

Individuelle und soziale Impulse der Religiosität

Schauen wir uns die Versuchungsgeschichte genauer an: Die erste Versuchung besteht darin, aus Steinen Brot machen zu können. Nie wieder Hunger zu leiden, was für eine Verheißung! Die eigentliche Versuchung ist aber, der Täuschung zu erliegen, vom Brot allein leben zu können oder zu wollen. Die Perspektive, immer genügend Brot zur Verfügung zu haben und also nie mehr mit der Erfahrung des Hungers, des Mangels, der Leere oder der Wüste konfrontiert zu werden, ist auf den ersten Blick paradiesisch. Doch schon die Rhythmik der Natur zeigt, dass sich das Leben in der Regel zwischen gegensätzlichen Polen bewegt: Tag und Nacht, Winter und Sommer, Kälte und Wärme, Fülle und Brache. Unser Ich möchte zwar ständige Fülle, und die Konsumkultur bestärkt uns in der Vorstellung, das Leben funktioniere so. Gleichzeitig können wir die Fülle gar nicht wirklich erleben, wenn wir vorher keinen Mangel erfahren haben. Aus einem wirklichen Hungergefühl heraus zu essen ist anders, als aus Genuss zu essen; etwas zu trinken, weil man wirklich Durst hat, ist eine andere Erfahrung, als einfach etwas zu trinken. Ähnliches können wir über Spannung und Entspannung, Schlafen und Wachen sagen. Alles erhält eine andere Tiefe und Erfahrung, wenn es die Antwort auf einen Mangel oder ein Bedürfnis ist.

Heute ist es – mindestens in unseren Breiten – nicht üblich, den Mangel an etwas – auch nur für eine begrenzte Zeit – als sinnvoll und normal zu sehen. Viele Menschen haben Angst vor dem Mangel, sind abhängig von der Fülle und möchten in allen Lebensbereichen in einer kontinuierlichen Hochstimmung oder einem High leben. Doch das ist weder möglich noch gesund. Wer immer satt ist, führt eine Art betäubtes Leben, das nie die Erfahrung der Leere ermöglicht. Auf die religiöse Ebene übertragen können wir sagen, dass gerade die Erfahrungen der Leere und der Wüste religiöse Urimpulse auslösen. Die meisten Religionsstifter haben in der Erfahrung der Wüste, der Leere oder der Stille die Art und den Beginn ihrer religiösen Sendung erkannt, die ihrerseits auf eine neue Gotteserfahrung zurückzuführen war. Die mystischen Traditionen führen nicht über das Wort, sondern über das Schweigen, nicht über die Lehre, sondern über die Leere, nicht über das Tun, sondern nur über das Lassen zur authentischen Erfahrung Gottes, zum Wesentlichen. Dies ist die innere Motivation für die Fastenpraxis in den großen Weltreligionen. Es geht nicht um Gesundheit, auch nicht um das Einhalten von Vorschriften, auch nicht um den Gedanken des Teilens, sondern um das Erleben, dass man wesentliche Dinge des Lebens und der Religion nicht erkennen, sondern nur erfahren kann.

Nicht allein vom Brot

Ein zusätzlicher Zugang für das Verstehen der Versuchungsgeschichte liefert die Bedürfnispyramide des Psychologen Abraham Maslow (1908–1970): Die Brotversuchung spricht die physiologischen Bedürfnisse an. Diese Bedürfnisse werden aber nicht nur durch Impulse wie Hunger, Durst und Müdigkeit, sondern auch durch soziale und psychische Wahrnehmungen und Deutungen gesteuert. Die Einstellung bzw. die Verheißung, dass wir allein vom Brot, also materiell abgesichert, gut, würdig und authentisch leben können, ist eine der großen Täuschungen in der Menschheitsgeschichte. Jesus sagt nicht, dass wir kein Brot brauchen, sondern, dass wir vom Brot *allein* nicht leben können. Die Theologin Dorothee Sölle (1929–2003) hat diesen Gedanken weiterentwickelt und das Bild geprägt, dass der moderne Mensch in unseren Breiten nicht den Tod am Mangel des Brotes sterben wird, sondern gefährdet ist, den Tod an der Fülle des Brotes, den Tod allein am Brot zu sterben. Der Tod allein am Brot kann bedeuten, dass wir menschlich und spirituell verarmen, weil wir den Bezug zum Inneren und zur Transzendenz verloren haben und nichts mehr haben, außer eben Brot. Wir scheuen in der Regel die Auseinandersetzung mit dem Mangel (Hunger, Durst und Müdigkeit im physiologischen und psychologischen Sinn). Doch offensichtlich kann gerade die Erfahrung des Mangels das Erleben auslösen, von einer anderen Kraft getragen und geführt zu werden, und das unterstützt die Entwicklung einer existenziellen Sicherheit, die die Psychologie Grundvertrauen nennt.

Die zweite Versuchung zeigt Jesus auf einem hohen Berg, von dem aus er die Welt überblicken kann, sozusagen aus einer Außen- und Höhenperspektive, mit der man sich die Dinge »aneignet«. Es ist die Perspektive der Macht, die Versuchung, über den Dingen zu stehen, unrealistische und überhebliche Erwartungen an die Welt und an das Leben zu haben. Die Versuchung besteht darin, sich vor diesen Lebensinterpretationen zu verneigen und in ihnen die Erfüllung zu sehen.

Jesus antwortet auf diese Falle des Versuchers mit einem Wort aus der Schrift: »Gott allein sollst du dienen und ihn allein anbeten« (Deuteronomium 5,9; 6,13). Das heißt: Du sollst nicht selber Macht über das Leben, über die Welt, über Gott und die anderen beanspruchen oder dich über sie stellen. In der maslowschen Bedürfnispyramide wird hier die gesunde soziale Entwicklung angesprochen. Über die Erfahrung von Zugehörigkeit und Anerkennung durch die Gemeinschaft werden die sozialen Bedürfnisse geregelt. Das Bedürfnis, anders zu sein als die anderen, über ihnen zu stehen, sie zu beherrschen, ist die menschliche und religiöse Perversion dieses Bedürfnisses.

Jesus distanziert sich ganz klar von dieser Haltung. Er ordnet sich Gott und der Schöpfung unter, er ist Glied der Schöpfung, ganz Mensch und als solcher Teil einer Gemeinschaft. Wenn Kirche diesen Aspekt der Spiritualität Jesu als Botschaft leben will, muss sich ihre Haltung, nicht besser und anders sein zu wollen als die anderen, in den

Strukturen und Ämtern spiegeln. Diese Dimension christlichen Lebens hat besonders Franziskus von Assisi bewegt, auch den Reformatoren war sie wichtig und sollte in den Kirchen immer wieder aufgegriffen werden. Denn wenn Jesus nicht müde wird, Gott als Vater zu begreifen, dann bezeugt er damit auch, dass die Menschen und das Geschaffene in einer geschwisterlichen Beziehung stehen.

Die dritte Versuchung ist wieder eine Versuchung der Höhe: Der Satan stellt Jesus auf das Dach des Tempels, auf die höchste Ebene der religiösen Strukturen seiner Zeit, und fordert ihn auf, ein Spektakel des Glaubens zu inszenieren: sich von der Spitze des Tempels in die Tiefe zu stürzen. Damit würde Jesus einerseits Gott auf die Probe stellen und andererseits vor den Menschen demonstrieren, dass Glaube und Religion eine Lebensgestaltung ermöglichen, die sich den Grenzen der Wirklichkeit nicht zu stellen hat. Mit Blick auf die maslowsche Bedürfnispyramide geht es hier um Ich-Bedürfnisse (Lob, Beachtung, Ruhm) und Selbstverwirklichung. Auch hier stellt sich die grundsätzliche Frage: Gibt es für meine Ich-Bedürfnisse und meine authentische Selbstverwirklichung Raum in der Welt, im Alltag, mit und unter den Menschen? Oder muss ich, um das Ich-Gefühl zu erfahren, über den anderen stehen, außerordentliche Taten vollbringen, die die natürlichen Bedingungen der Wirklichkeit und die Möglichkeiten meines Lebens überschreiten? Und institutionell gedacht: Sind nicht die gesellschaftlichen Positionen der Kirchen und Religionen auch in der heutigen Zeit »Fallen«, dieser Versuchung zu erliegen?

Die Versuchungsgeschichte am Anfang des Wirkens Jesu zeigt, dass die immer neue Bewährung in den drei Anfechtungen den Anfängergeist ausmacht, von dem in der östlichen Meditationspraxis immer wieder die Rede ist, ausmacht. Die Grundthematik dieser Geschichte ist zeitlos: Es geht dabei um die Frage, wie der Mensch mit den Themen der materiellen Sicherheit umgeht, die Art und Weise, wie er soziale Bedürfnisse und Beziehungen entwickelt und realisiert, und schließlich darum, was zu einer gesunden Entwicklung der Ich-Bedürfnisse beiträgt. So ist die Versuchungsgeschichte eine zentrale Botschaftsträgerin der Evangelien für die moderne Welt.

Spuren der Gemeinsamkeit sichern

Religionen – so die Erkenntnisse der Soziobiologie – haben eine zentrale Funktion in der Gestaltung sozialer Überlebensräume. Die Soziobiologie geht von einer an sich ernüchternden Beobachtung aus: Wenn der Mensch seinen primitiven Instinkten nachgeht, ist er gefährdet, im Kampf um das Überleben den Mitmenschen und vor allem den Fremden zum Feind zu machen und ihn, wenn es geht, auszulöschen. Der Mythos, den die abrahamitischen Religionen im Hinblick auf diesen Tatbestand erzählen, ist die Geschichte von Kain und Abel (Genesis 4), in der Gott den Mörder Kain vor der Rache der anderen schützt. Sie warnt also vor der Fortführung der Gewalt in Form von Rache und kann als religiös motivierter Metaimpuls, der die Menschheit immer wieder vor der Katastrophe der Selbstzerfleischung schützt, gedeutet werden.

Dieser religiös motivierte Metaimpuls bewahrt die Menschen davor, über Leben und Tod von Menschen zu verfügen. Sie entzieht dem Einzelnen das Recht, andere umzubringen. Hinrichtung für ein Verbrechen liegt in der Verantwortung der Gruppe. Dieser Metaimpuls hilft auch zu verstehen, dass das eigene Überleben nur im Austausch für und in Solidarität mit der Gruppe möglich ist. Wenn der Mensch überleben will, darf es ihm nicht immer nur um sich selbst, seine Familie und seinen Besitz gehen, denn seine Existenz ist nur in einem weiteren gemeinsamen Raum gesichert. Dieser Raum weitet sich, je entwickelter eine Gruppe ist. Auf diese Weise leistet Religion einen fundamentalen Beitrag zur Entfaltung des Gemeinwesens und zum Aufbau immer stabilerer Sozialsysteme (Irons, 358 ff.).

Nur Religion hat die Kraft, über Bekenntnisse und Riten in Menschen ein starkes Gefühl der Zusammengehörigkeit zu erzeugen und zur Auseinandersetzung mit Fragen anzuregen, die alle betreffen. Insgesamt wird dadurch das Gefühl der Zugehörigkeit und der gegenseitigen Verantwortung füreinander gestützt.

Dies wird in der anthropologischen Forschung an zwei interessanten Beobachtungen festgemacht. Es konnte einerseits festgestellt werden, dass Gruppen, die aus religiösen Motiven entstanden sind, im Vergleich zu Gruppierungen, die sich aus persönlichen, profanen oder immanenten Interessen zusammenschlossen, die vierfache Überlebensdauer hatten. Diese Feststellung wird durch eine weitere Beobachtung unterstützt. Wenn sich eine Religion nicht im Kontakt mit den sozialen Veränderungen entwickelt oder die Menschen, die zu ihr gehören, daran zu hindern versucht, am Veränderungsdiskurs teilzunehmen, verlassen die Menschen die religiöse Gemeinschaft (Irons, 366 ff.). Das, was sich derzeit vor allem in der westeuropäischen religiösen Szene abspielt, macht dies anschaulich. Wo Religion oder Kirche sich der gesellschaftlichen Entwicklung und der Veränderung verweigert, verliert sie ihre Mitglieder. Es geht darum, Neues in die Tradition zu integrieren und am gesellschaftlichen Diskurs teilzunehmen.

Auf lange Sicht wird sich der Rückzug der Kirchen aus der Welt, die Konzentration auf einen »Heiligen Rest« nicht bewähren. Die Bedeutung der Religion für eine Gesellschaft wird wachsen, wenn die Religion in der Lage ist, sich auf Entwicklungs- und Veränderungsperspektiven einzulassen und sie mitzugestalten. Dagegen: Wenn eine Religion oder eine Kirche ihre Mitglieder von den großen Themen der Entwicklung isoliert, verliert sie die Menschen. Religion entwickelt ihre besten Impulse offensichtlich nicht in den Kirchen, Tempeln und Meditationsräumen, sondern am Marktplatz und am Bahnhof. Auch hier sind sich franziskanische und reformatorische Einsichten ganz nah. Beide weisen, in verschiedenen Formen und unter anderen Begründungen, Klerikalismus zurück und heben das soziale Engagement hervor. Es war immer eine große Versuchung der Religionen und der Kirchen, sich vom Alltag und den Gesetzlichkeiten des Lebens zu distanzieren. Dies mag für eine Zeit und mit bestimmten Zielen gut sein, aber an sich gehört die Religion als Inkarnation des Göttlichen mitten in die Welt.

Von der Unterwerfung zum Dienst

1949 hat der Heidelberger Existenzphilosoph Karl Theodor Jaspers das Werk »Vom Ursprung und Ziel der Geschichte« publiziert und dort mit der Theorie der Achsenzeit eine bahnbrechende Beobachtung zur Geschichte der Religionen vorgestellt. Seine Hauptthese ist, dass während der ersten Achsenzeit in den Jahren 800 bis 200 vor Christus in mehreren Kulturräumen zugleich und unabhängig voneinander jene außergewöhnlichen Veränderungen realisiert werden, welche die Voraussetzung für die Entwicklung der asiatischen und europäischen Kultur und der heutigen Zivilisation darstellen. Zeitgleich entstehen aber auch alle großen Weltreligionen.

In China ist dies die Zeit von Konfuzius und Laotse, in Indien entstehen zwischen 500 und 300 vor Christus Hinduismus und Buddhismus, in Israel treten die biblischen Propheten (Elija, Amos, Hosea, Jesaja, Jeremia, Ezechiel, usw.) auf, im Iran lehrt Zarathustra in dieser Zeit, in Griechenland werden die großen Epen Ilias und Odyssee geschrieben und es ist die Zeit der Naturphilosophen und jener Menschen, die das heutige abendländische Denken wesentlich mitgeprägt haben: Sokrates, Platon und Aristoteles. Christentum und Islam sind in dieser Darstellung Reformbewegungen des Judentums.

Vor der ersten Achsenzeit denkt und fühlt man kosmisch, kollektiv – an den Stamm gebunden, mythisch und ritualistisch. Der Mensch fühlt sich eins mit der Natur und mit dem Stamm. Er fühlt sich vom Rhythmus der Natur getragen und belebt und feiert religiöse Riten, welche die Zugehörigkeit zu Natur und Stamm ausdrücken und erneuern. Außerhalb dieses Raumes ist das Leben nicht nur physisch, sondern auch psychisch und spirituell bedroht und abgestorben. Der innere Imperativ vor der Achsenzeit war: »Denke, lebe und fühle mit der Natur und mit deinem Stamm!«; der innere Imperativ in der Achsenzeit hieß: »Erkenne dich selbst!«, und: »Mach dir die Erde untertan!« (Genesis 1,28).

Der Schritt in die erste Achsenzeit hat auch die Voraussetzung für das wissenschaftliche Denken, für die objektive Beobachtung der Wirklichkeit und die Selbstbewusstheit ermöglicht. Mit diesem für die mentale Entwicklung notwendigen und genialen Schritt wird ein neuer Umgang mit sich selbst, mit der Umgebung und mit Gott möglich. Die Schlange sagte zu der Frau, so lesen wir im Buch Genesis, »wenn ihr von der Frucht esst, werdet ihr nicht sterben. Gott weiß vielmehr: Sobald ihr davon esst, gehen euch die Augen auf; ihr werdet wie Gott und erkennt Gut und Böse« (Genesis 3,4 f.). Mit der Öffnung der Augen kann der Mensch sich, Gott und die Natur getrennt wahrnehmen und analysieren. Die Nachteile und Gefährdungen dieser Entwicklung liegen in der Möglichkeit, sich von der Natur und von Gott abzuspalten, ihnen gegenüber gleichgültig oder sogar feindselig zu werden. Es entsteht die Gefahr, Beobachter jener Wirklichkeit zu werden, deren Teil man in Wahrheit ist. Dieser Sprung, diese Differenzierung hat ein Schisma, einen Riss zwischen den verschiedenen Kulturen, den Menschen und der Natur einerseits und dem Einzelnen und seinem Stamm andererseits bewirkt. Außerdem konnte man die eine Wirklichkeit in Realität und Ideenwelt spalten, sich Gott und Welt auch getrennt vorstellen, um so die Idee eines grundsätzlich gottlosen Raumes und einer gottlosen Zeit zu ermöglichen. Denn heilige Räume (Tempel, Kirchen usw.) und heilige Zeiten bringen auch die Vorstellung mit sich, dass es unheilige Räume und unheilige Zeiten gibt. So hat die Entstehung der großen Weltreligionen paradoxerweise die Möglichkeit zur Entheiligung und Entseelung von Raum und Zeit mit sich gebracht (vgl. Csikszentmihalyi 1991a). Dadurch, dass Zeiten, Menschen und Strukturen als heilig oder besonders deklariert werden, wird automatisch im selben Augenblick erklärt, dass es eine weniger heilige oder sogar unheilige und heillose Wirklichkeit gibt, die Zeiten, Menschen und Strukturen als von Gott getrennt versteht.

Verschiedene Forscher, unter anderen der amerikanische Theologe Ewert Cousins (1929–2009), gehen davon aus, dass die erste Achsenzeit derzeit ausklingt und wir den Eintritt in die zweite Achsenzeit erleben (Cousins, 1992, 1–15). In diesem Prozess kommt, sagen sie, der Religion wieder eine große Aufgabe zu: Sie muss die religiösen Werte vor der ersten Achsenzeit mit den religiösen Werten der ersten Achsenzeit verbinden und integrieren. Das, was in der Religiosität vor der Achsenzeit der Stamm war, wird jetzt die Menschheit, was die Natur war, wird jetzt die Verbundenheit mit allem Sein. Dieses Gefühl der Zusammengehörigkeit und der Verantwortung füreinander gilt es mit dem objektiven und wissenschaftlichen Denken der ersten Achsenzeit zu verbinden. Die neue Herausforderung wird sein, die Welt, das Göttliche und die Mitmenschen nicht mehr in einer trennenden und beherrschenden Mentalität wahrzunehmen (vgl. Genesis 1,28), sondern in Solidarität und im Wissen, dass alle Teile – Menschheit, Natur und Gott – einander brauchen und erst im Miteinander und Füreinander ihre wahre Berufung erkennen.

Sakrale Intelligenz

Die zweite Achsenzeit setzt nicht nur das Miteinander der verschiedenen Bereiche voraus, sondern wird bewirken, dass Religion sich dadurch neu gestalten kann. In den abrahamitischen Traditionen hat die Religion in der ersten Achsenzeit ein Konzept von Gott, Mensch und Welt entwickelt, welches die Einheit oder Kontinuität zwischen diesen nicht vorsieht. Gott ist Gott und Schöpfer, der Mensch und die Welt sind Geschöpfe und geschaffen und sind von ihrem Sein her grundsätzlich verschieden. Die Naturreligionen, die östlichen Religionen und die mystischen Traditionen schließen ein Ineinanderfließen dieser Bereiche nicht aus. Auch Jesus spricht immer wieder von der Einheit des Menschen mit Gott (z.B. Johannes 10,34) und wird deshalb der Gotteslästerung bezichtigt. In der Tiefe meditativer Erfahrung wird ein fließender Übergang zwischen dem Göttlichen und Menschlichen, der immanenten und transzendenten Wirklichkeit erlebt. Man kann diese Fähigkeit auch sakrale Intelligenz nennen und sagen, dass sie uns der naturwissenschaftlichen Weltsicht und der Frage, »was ist«, entreißt und uns in den Horizont des »Was-könnte-Sein« stellt. Religion wird eine Chance sein und eine Funktion für die Zukunft der Menschheit übernehmen können, wenn sie uns hilft, die Natur zu resakralisieren und den Schritt von der Menschheit zur Seinsheit zu tun (Csikszentmihalyi, 1991a).

Die Resakralisierung der Natur und des Menschen bedeutet, sie der rein oder vorwiegend naturwissenschaftlichen Wahrnehmung zu entziehen und in den schöpferischen Zusammenhang mit dem Göttlichen zu stellen.

Franziskus von Assisi hat in seinem Sonnengesang bereits eine solche Resakralisierung vollzogen. Er hat verschiedene Elemente der Natur zu seinen Geschwistern gemacht und sie dadurch der neutralen, objektiven und distanzierten Beobachtung entzogen. Indem er eine geschwisterliche Beziehung zu ihnen entwickelt, wird ihm ihr jeweiliger Schöpfungsauftrag für den Menschen und ihr göttlicher Ursprung bewusst:

»Gelobt seist Du, mein Herr, mit all Deinen Geschöpfen, Schwester Sonne besonders, die den Tag macht und durch die Du uns erleuchtest. Schön ist sie und strahlend mit großem Glanz, ein Bild von Dir, Du Höchster. Gelobt seist Du, mein Herr, durch Bruder Mond und die Sterne; am Himmel hast Du sie gebildet, klar und kostbar und schön. Gelobt seist Du, mein Herr, durch Bruder Wind, durch Luft und Wolken, durch den heiteren Himmel und jegliches Wetter, durch das Du Deinen Geschöpfen den Unterhalt gibst«.

Diese sakrale Wahrnehmung der Schöpfung und ihrer Prozesse – bis hinein in Not, Leiden und Sterben – lässt sich im Sonnengesang in allen Strophen erkennen. Für die damalige Zeit war diese Wahrnehmung der Umwelt und des Kosmos' revolutionär. Und auch wir haben diesen radikalen Schritt, in der Schöpfung Gottes Auftrag und Spur zu entdecken, noch zu vollziehen. Die ökologische Bewegung weist zwar auf unsere Verantwortung für die Umwelt hin und verbindet damit die Sorge, dass wir uns die Natur für unsere Bedürfnisse möglichst gut und lange bewahren. Von Nachhaltigkeit sprechen wir immer wieder und meinen eigentlich, dass wir alles tun sollen, Welt und Umwelt so zu organisieren, dass sie möglichst lange unseren Interessen und Bedürfnissen dienen.

Das Weltbild des Franziskus geht aber viel weiter und tiefer: Er tritt in eine geschwisterliche Beziehung zur Natur und zu den Elementen des Kosmos'. In diesem Verhältnis erkennt der Mensch den göttlichen Auftrag aller Geschöpfe und kann sich mit seiner Berufung in diesen gemeinsamen Auftrag einbringen. Dies erfordert eine Wahrnehmung und Achtsamkeit der Welt gegenüber, von der wir meist noch weit entfernt sind. Es erfordert nichts weniger als die Integration der äußeren naturwissenschaftlichen Wahrnehmung mit der inneren spirituellen Wahrnehmung der Wirklichkeit. Es erfordert, dass wir die Natur nicht nur aufgrund unserer naturwissenschaftlichen Erkenntnisse bewerten, sondern sie auch von innen wahrnehmen und »ihre Botschaft« zu uns sprechen lassen. Im achtsamen Wahrnehmen kann uns dann auch bewusst werden, was im Hinblick auf eine gute Entwicklung für das Ganze – die Seinsheit – sein darf und was nicht sein darf. Wenn die Kriterien dafür nicht mehr von äußeren, auch moralischen, Normen und vom menschlichen Profitdenken kommen, sondern von der inneren Überzeugung, hat die Menschheit einen großen Schritt getan.

Übung für die Seele: Sonnengesang

Der bekannte Sonnengesang von Franziskus von Assisi ist das Ergebnis einer langen Suche und einer außerordentlich tiefen Begegnung mit der Schöpfung.

Dieser Zugang zur Natur geschieht über Spüren, Zulassen und Zurücknehmen. Anhand einiger Elemente, die Franziskus im Sonnengesang anspricht, lade ich dich zu folgenden Übungen ein:

Schaue einmal fünf oder zehn Minuten schweigend in den Abendhimmel und fühle nach, wie dich der Kontakt zur Weite berührt; wie alles, was heute geschehen ist, von der Weite aufgenommen und von der Dunkelheit wie mit einer Decke zugedeckt und beschützt wird.

Der Wind ist ein Zeichen für Veränderung und Belebung. Stelle dich an einen Punkt, wo du dem Wind gut zuhören kannst; schließe die Augen und fühle in den Wind hinein; spüre seine Kraft und seine Schwäche, das Kommen und Gehen, das Werden und das Vergehen. Das ist ein Bild für dein inneres Leben, für die Kraft und die Hinfälligkeit von allem, was du tust und bist.

Wasser reinigt, erfrischt und löscht den Durst. Beobachte einen Tag lang, wie du mit dem Element Wasser in Kontakt kommst (Waschen, Reinigung, Bad, Kochen, Trinken, Schwimmen, Regen, Fluss, See, Meer ...); wie allgegenwärtig ist dieses Element, aus dem wir zu 80 % bestehen, und in wie vielen Formen stellt es sich der Schöpfung demütig zur Verfügung.

Feuer, Wärme und Licht: Die moderne Lebenskultur isoliert uns von unangenehmen Temperaturen. Wir sind es nicht mehr gewohnt, Kälte oder Hitze zu spüren und dabei zu erleben, dass man daran nicht stirbt, dass man etwas weniger oder etwas mehr anziehen kann, dass man verschiedene Temperaturschwankungen ertragen kann und dadurch einen oft enormen Aufwand an Energie senken kann.

Setze dich einmal eine Zeit bewusst der Kälte oder der Wärme aus und halte das etwas aus.

Zünde eine Kerze an und beobachte die Lebendigkeit der Flamme. Lass an besonderen Tagen (Geburtstage, Hochzeitstag, Sterbetag eines lieben Menschen) eine Kerze brennen und schau immer wieder mal hin und beobachte die Faszination, die von der kleinen Flamme ausgeht und dich mit dem Geheimnis von Werden und Vergehen in Verbindung bringt.

III.

Befreiendes Glauben

Was meinen wir eigentlich, wenn wir davon sprechen, zu glauben? Vielfach verbinden wir damit doch die Vorstellung, bestimmte Informationen über Gott für wahr zu halten oder ein ganz spezifisches Wissen über die Welt und das Leben mit einer Glaubensgemeinschaft zu teilen. Die theologische Bedeutung und Verwendung des Wortes »glauben« setzt aber nicht nur die Annahme von Informationen »über etwas« voraus, sondern eine Erfahrung des Göttlichen und eine sich daraus ergebende Beziehung zu Gott. Erst aus Beziehung und Erfahrung entwickelt sich das, was wir im eigentlichen Sinn als glauben oder Glaubensakt bezeichnen können. Das ist die Basis der Bedeutung des Wortes »glauben« in allen religiösen Traditionen.

Die indoeuropäische Grundlage für das lateinische Wort *credo* und das indogermanische *kredde* (sein Herz auf etwas setzen) ist das Wort *shradda* aus dem Sanskrit. Während *shradda* im Hinduismus unter anderem religiöse Praxis, Spendenfreundlichkeit, Einverständnis mit einer religiösen Lehre und eben auch Vertrauen bedeuten kann, ist das leicht umgewandelte Wort *saddha* im Buddhismus eine geistige Kraft, die dem Menschen das Grundvertrauen dafür gibt, den religiösen Erfahrungs- und Befreiungsweg zu gehen.

Auch das Wort *Islam* bedeutet zunächst »glauben« und steht für eine Haltung des Vertrauens oder der Ergebung in

Gott. Diese setzen die Zustimmung des Herzens voraus und drücken sich im Bekenntnis mit der Zunge und der Verrichtung der geforderten Werke aus (Grünschloß, 940 ff.).

Glauben ist also ein Begriff, der eine Grunderfahrung aller Religionen beschreibt und auf der Basis einer Gotteserfahrung und Gottesbeziehung innere Zustimmung und festes Vertrauen in die Gegenwart und Bedeutung der Wirklichkeit Gottes im Leben einschließt.

In den folgenden Ausführungen werde ich das Wort »glauben« verwenden, um den Glaubensakt und die Vertrauenshaltung des Menschen auszudrücken, und ab und zu das Substantiv »Glaube« – damit meine ich dann eher die Glaubensinhalte einer Religion. Außerdem schreibe ich als Christ und beschäftige mich im Folgenden mit Glaubensvorstellungen, die in der biblischen Überlieferung wurzeln und sich der jüdisch-christlichen Tradition verdanken.

Gott ruft, der Mensch vertraut

Im Alten Testament hat Glauben vorwiegend mit Vertrauen und Glaubwürdigkeit zu tun. Abraham glaubt Gott im Sinn von: »Er vertraut sich Gott an, er folgt dem Ruf, den Gott an ihn richtet« (Genesis 15,6) – und das rechnet Gott ihm als Gerechtigkeit an. Im kollektiven Sinn – d. h. das ganze Volk Israel betreffend – löst die »Furcht vor dem Herrn«, die aufgrund von Zeichen und Wundern zustande kommt, Glauben aus: »Als Israel sah, dass der Herr mit mächtiger Hand an den Ägyptern gehandelt hatte, fürchtete das Volk den Herrn. Sie glaubten an den Herrn und an Moses, seinen Knecht« (Exodus 14,31). Im Laufe der Zeit hat sich der Glaube Israels in verschiedenen Glaubensbekenntnissen ausgedrückt, welche auf gemeinsame Erfahrungen gegründet sind, oft an einen Bund erinnern und auf alle Fälle Gesetzestreue als Ausdruck des Glaubens einfordern (vgl. Deuteronomium 6,20–24; Josua 24,2–13). In den Glaubensbekenntnissen bildet sich der Prozess der Verallgemeinerung individueller religiöser Erfahrungen ab, die in der fortschreitenden Etablierung einer Religion persönliches Erleben und Entscheiden ersetzen.

Der Glaube im Neuen Testament ist nicht mehr so sehr mit dem Verweis auf geschichtliche Erfahrungen verbunden, sondern stellt Jesus, den Verkünder vom Beginn des Reiches Gottes, in den Mittelpunkt. Wer an ihn glaubt, dem kann geholfen werden. Die Heilungswunder, bei denen Jesus oft nach dem Glauben der Leidenden fragt oder erklärt, dass das Glauben des Menschen die Heilung bewirkt, werden als Beispiele für die Wirksamkeit des Glaubens angeführt. Auch wenn Glauben im Neuen Testament grundsätzlich – ähnlich wie im Alten Testament – mit Vertrauen auf Gott zu tun hat, ist doch zu sagen, dass im Neuen Testament das Vertrauen an eine Botschaft in den Mittelpunkt rückt: der Glaube an das Anbrechen des Reiches Gottes und an die Botschaft vom barmherzigen Gott bei Markus, Matthäus und Lukas; der Glaube an die Bedeutung von Tod und Auferstehung Jesu für alle Menschen bei Paulus und der Glaube an die Identität Jesu als den von Gott Gesandten im Johannesevangelium. Allen diesen

Aspekten des Glaubens im Neuen Testament ist gemeinsam, dass der Glaube von Gott initiiert wird. Gott redet die Menschen durch seinen Sohn an und führt sie durch seinen Geist zu ihm. Daneben bleibt der Glaube Abrahams, als Vertrauen in Gott, seinen Ruf und seine Führung, auch im Neuen Testament und vor allem in der paulinischen Theologie wesentlicher Bestandteil einer gläubigen Existenz.

Religionen überliefern Erzählungen von Glaubenden, beschreiben Inhalte und entwickeln daraus Glaubensbekenntnisse und Verhaltensvorschriften. So wird verallgemeinert, was ursprünglich eine individuelle Glaubenserfahrung war – die Erfahrung gerinnt zur Lehre. Problematisch wird das erst, wenn die Menschen, die zu einer Religionsgemeinschaft gehören, diese Erfahrungen, die den Glauben ursprünglich begründet und gestützt haben, nicht mehr nachvollziehen können. Wenn die eigene Erfahrung durch die überlieferte und anerkannte Erfahrung anderer ersetzt wird, kann es dazu kommen, dass in einer Religionsgemeinschaft unreflektierte Glaubensinhalte ohne Erfahrungsgrundlage verwaltet werden. Religionswissenschaftliche Studien belegen, dass Riten und Texte ihre religiöse Kraft verlieren, wenn eine überlieferte religiöse Erfahrung nach drei Generationen nicht durch persönliches Erleben unterstützt wird. Wenn religiöse Inhalte nicht mehr oder nur noch selten von der Erfahrung ihrer Mitglieder abgedeckt sind, stellt sich die Frage nach der bleibenden Bedeutung der Traditionen einer Religion (Schwienhort-Schönberger, 16 ff.). Dies wäre ein zentrales Thema in den Kirchen unserer Zeit.

Die Herausforderung, die auch die Philosophie zu bewältigen hat, kann gut auf den Glaubensakt übertragen werden und die Problematik verständlicher machen.

Der Königsberger Philosoph Immanuel Kant hat für die Philosophie eine Forderung formuliert, die auch für die Aufgaben der Religion im Allgemeinen und für jene des Glaubens im Besonderen relevant sein könnte: »Philosophie soll nicht Philosophie lehren, sondern das Philosophieren; nicht Gedanken, sondern das Denken; Philosophie soll nicht tragen, sondern begleiten« (zitiert nach Gerhardt, 2009). Auf die Religion übertragen: Religiöse Traditionen und Angebote sollen nicht religiöse Annahmen und religiöses Wissen lehren, sondern zum Glauben anregen. Sie sollen sich nicht darin erschöpfen, Gedanken über Gott, die andere entwickelt haben, weiterzugeben, sondern eigenständiges Nachdenken über Gott anregen. Die religiösen Traditionen dürfen die menschlichen Fähigkeiten im Umgang mit diesen Fragen nicht ersetzen, sondern sollen dazu beitragen, sie auszubilden und herauszufordern.

Glaubendes Denken

In der christlichen Tradition setzt Glauben die Zuwendung Gottes als Gnade voraus: Glauben ist zunächst immer ein Gottesgeschenk, das die Antwort des Menschen erfordert. Trotz der Initiative Gottes hat Glauben mit einer zentralen Fähigkeit des Menschen zu tun: mit jener, denken zu können. Wenn sich der Mensch im Denken als Mensch erfährt, ist denkendes Glauben spezifisch menschlich. Was bedeutet das?

Zunächst können wir festhalten, dass der Mensch mithilfe des Denkens seine Vorstellungen vom Leben ordnet: Wir deuten Vergangenheit, gestalten Gegenwart und entwerfen Zukunft. Haben religiöse Fragen und religiöses Wissen dabei eine besondere Funktion oder liefern sie besondere Inhalte, die dem Menschen helfen, das Leben denkend zu ordnen?

Denken ist nicht etwas rein Formales, d. h. wir denken nicht, weil wir denken können oder um zu denken, sondern wir denken, um die Wirklichkeit unseres Lebens besser ordnen, deuten und planen zu können. Aus eigener Erfahrung wissen wir allerdings, dass die Inhalte, die den Denkprozess »füttern«, auch unrealistische Darstellungen der Wirklichkeit enthalten; wir nehmen das Leben, die Welt, die Wirklichkeit nicht einfach »objektiv« wahr; unsere Wahrnehmung ist vielmehr von unseren Bedürfnissen, Ängsten und Gewohnheiten sowie unseren Einstellungen geprägt. Dass dieser Filter unsere Sicht auch behindern kann, leuchtet ein. Auch religiöse Inhalte können die Sicht auf das Leben verstellen. Da wir ihre Wahrheit ja in den seltensten Fällen verifizieren können, sind sie besonders gefährdet, die Wirklichkeit des Lebens verzerrt darzustellen. Was bedeutet das für den Glauben?

In England hat sich schon Ende des 19. Jahrhunderts eine Gruppe von Menschen in dem Bemühen zusammengeschlossen, das liberale Denken in der Theologie und in den Kirchen zu fördern. Sie trägt heute den Namen *Modern Church,* ist inzwischen eine internationale ökumenische Organisation geworden und gibt unter anderem die Zeitschrift *Modern Believing* heraus. *Modern Church* hat eine interessante Definition für Glauben vorgeschlagen: Authentischer Glaube sei kein »Für-wahr-Halten« bestimmter Positionen, sondern die »Suche nach Wahrheit, woher auch immer diese kommt« (Clatworthy, 2007, 39). In diesem Sinn ist Glauben ein Weg und eine Lebenshaltung, die mit der Suche nach Erkenntnis und Wahrheit untrennbar verbunden ist. Diese Suche nach der Wahrheit zeigt, dass Glauben mehr mit Offenheit, Bereitschaft zu Veränderung und neuen Erkenntnissen zu tun haben sollte und weniger mit der Übernahme von Erfahrungen und Überzeugungen anderer. Dies setzt eigenständiges und kritisches Denken voraus und fördert es gleichzeitig.

Glaube als Wahrheitssuche

Christlicher Glaube, der sich vor der Mentalität der Moderne bewähren soll, muss sich meines Erachtens aus mehreren Quellen speisen, unter anderem aus der Heiligen Schrift, der Tradition, dem eigenen Denken, den persönlichen und gesellschaftlichen Erfahrungen und dem Wissen, das die zeitgenössische Wissenschaft liefert. Diese Informationen ermöglichen und unterstützen einen selbstständigen Glauben. Wenn sich Glauben aber aus so unterschiedlichen Quellen speist, verweigert er sich dem Dogmatisieren und wird vielmehr eine dynamische und lebendige Haltung bleiben, eine Suche nach der Wahrheit, die auf den Anspruch endgültiger Erkenntnisse und absoluter Wahrheit verzichtet. Eine solche Haltung verändert viel. Etwa den Umgang mit Glaubensbekenntnissen, die in den Kirchen ja eine zentrale Rolle spielen.

Welche Wahrheit hat so ein Bekenntnis, das Millionen von Gläubigen in allen christlichen Kirchen Sonntag für Sonntag beten? Das christliche Glaubensbekenntnis enthält ja Aussagen sehr verschiedener Art, die nicht alle auf die gleiche Weise wahr sind. Es stehen symbolische, mythische und historische Inhalte unvermittelt nebeneinander. Wir Christen bekennen im selben Atemzug, dass Jesus durch den Heiligen Geist empfangen und von der Jungfrau Maria geboren wurde, dass er unter Pontius Pilatus gelitten hat und am dritten Tage auferstanden ist. Dabei verweisen der historische Bezug auf die Regierungszeit des Pontius Pilatus oder die drei Tage zwischen Tod und Auferstehung auf ganz andere Dimensionen als die Empfängnis durch den Heiligen Geist, die Geburt aus der Jungfrau Maria oder die Auferstehung. Viele Christen können zwischen diesen Dimensionen nicht unterscheiden, sie meinen, sie müssten Glaubensaussagen auch historisch für wahr halten. Fatalerweise entzieht gerade die Annahme, dass Schriften und Überlieferungen nicht mythisch oder symbolisch zu verstehen sind, diesen ihre ursprüngliche Kraft. Denn die Muttersprachen des Glaubens sind Mythos und Symbol, sie öffnen die Tür in die andere Dimension. Die Historisierung ist nur der Versuch, die Kraft des Göttlichen auf menschliche Dimensionen herunterzubrechen. Wer aber auf die mythische und symbolische Wahrheit des Glaubensbekenntnisses verweist, stützt die kreative, nicht beherrschbare Vitalität der Gottesbeziehung, er setzt den Glauben frei und fordert und ermöglicht auch mehr Verantwortung auf der Seite der Glaubenden. Das ist für den institutionalisierten Glauben, wie er durch die Kirchen repräsentiert wird, nicht einfach, aber unumgänglich. Denn wenn die Verantwortung für die Deutung und Bedeutung der Bekenntnisse auch den Gläubigen zugetraut wird, werden die überlieferten Schriften und Traditionen relativiert und persönliche Erfahrungen, eigenes Denken, Fühlen und Bewusstsein aufgewertet. Glauben ist nur dann möglich, wenn die ursprüngliche Offenbarung und das, was in der Geschichte gewachsen ist, nicht länger von der aktuellen religiösen Fragestellung und Sehnsucht abgekoppelt wird. Das muss den Umgang mit der Tradition verändern. Diese kann nicht als unhinterfragbare Wahrheit weitergegeben werden, sondern muss vor allem als Anregung zu neuem Denken und Handeln verstanden werden. Damit ist ein offener und dynamischer Ausgleich zwischen aktueller Erfahrung und Überlieferung notwendig.

Denkend glauben ist so viel mehr als ein gehorsames Annehmen und Vermuten, es wird die verantwortete Annahme, dass das Göttliche in unsere Welt hineingewoben ist. Der Glaubende kann sicher sein, dass das Göttliche in der naturwissenschaftlichen Forschung ebenso aufscheint wie in den Erfahrungen, von denen die Bibel berichtet; es erschließt sich im Ringen um die Darstellung des Glaubens und der Wahrheit in den religiösen Traditionen ebenso wie im Ringen um den Sinn des Lebens im Alltag. Diese Art von Glauben vermittelt zwischen wissenschaftlicher Sicherheit, die ja auch nur scheinbar über absolute Wahrheiten verfügt, und der Intuition, welche religiöse Inhalte auslöst. Diese Art von Glauben integriert die Vorgaben der Tradition und die persönliche aktuelle Auseinandersetzung. So zu glauben heißt, in ständiger Begegnung und Auseinandersetzung zu leben. Natürlich können wir nicht ständig alle Dimensionen, die zum Glaubensakt in diesem

Sinn gehören, berücksichtigen und integrieren; wir dürfen aber auch keine von ihnen bewusst ausschließen. Leugnung oder Ausschluss einer dieser Komponenten führt zu Verengungen, Dogmatismus oder Fundamentalismus – und das sind Einstellungen, die dem religiösen Leben einzelner Menschen und dem von religiösen Werten geprägten Zusammenleben auf keinen Fall dienen.

Übung für die Seele: Ich glaube an Gott als Vater und Mutter

Jeden Sonntag beten Millionen von Menschen im Gottesdienst das Glaubensbekenntnis. Was denken sie (sich) dabei? Was fühlen sie? Was läuft in ihnen ab?

Ich versuche und lade dich dazu ein, den Glauben und damit auch das Glaubensbekenntnis aus der Perspektive der Beziehungen, von denen dort die Rede ist, nachzudenken und nachzufühlen. Die Rede ist von einem Vater, einem Sohn und einem Geist, welche alle drei eine besondere Beziehungsform ermöglichen.

Ich glaube an Gott, den Vater: Wenn Gott Vater und Mutter ist, dann darf ich damit rechnen, dass er mich liebt, wie ich bin, und für mich da ist. Gott ist zu mir wie der beste Vater und die beste Mutter, die ich mir vorstellen kann. Im Evangelium sagt Jesus sogar, dass Gott ein vollkommener Vater ist (vgl. Lukas 11,11 und Matthäus 5,48). Diese Vater-Kind- bzw. Mutter-Kind-Beziehung wirklich ernst zu nehmen, wirkt sehr entlastend. Ich darf wissen und vertrauen, dass Gott für mich sorgt – was nicht heißt, dass ich nichts zu tun brauche, das würde ein guter Vater oder eine gute Mutter eben nicht unterstützen. Mit der Anrede »Vater unser« beginnt auch das wichtigste Gebet der Christenheit, welches gleichzeitig die Bedeutungsmitte des Evangeliums darstellt.

Dann ist im Glaubensbekenntnis die Rede von Jesus. Er ist Gottes Sohn – ich auch; also sind wir Brüder. In dieser Beziehung entsteht ein großes Netz von Geschwistern, das von grundsätzlicher Gleichheit und vom Gefühl der Zugehörigkeit geprägt ist. Damit ist das *homo homini lupus* (der Mensch ist dem Menschen ein Wolf) wesentlich entmachtet. Franz von Assisi hat in einer stark hierarchisch geprägten Gesellschaft eine neue, zugewandte und sorgende Geschwisterlichkeit vorgelebt. Diese Geschwisterlichkeit gilt aber grundsätzlich für alle Menschen – ob sie glauben oder nicht oder welchem Bekenntnis sie auch angehören. Das ist Kirche oder Geschwisterlichkeit im Namen Jesu. Diese Beziehungsqualität, und wohl auch das Kirchesein, hört auf, wo Menschen ausgeschlossen werden, weil sie anders denken oder anderes glauben oder ihr Leben nicht so gestalten wollen oder können, wie es im Geist Jesu optimal wäre. Wobei es eine komplexe Frage ist, was leben im Geist Jesu, übertragen auf konkrete Situationen, je bedeuten kann.

Der liebende Geist, an den wir auch glauben, befähigt uns, zu Gott in einer intimen und verbindlichen Form Vater und Mutter zu sagen, die Mitmenschen als unsere Geschwister zu sehen und die Welt als unseren Lebensraum gestalten zu dürfen.

Wer ganzheitlich glauben will, darf seine Gefühle nicht vergessen. Gefühle interessieren sich nicht für das, was allgemein und objektiv für wahr und interessant gehalten wird, sondern was etwas für mich bedeuten kann. So könnte zum Beispiel der Angriff auf die Zwillingstürme in New York 2001, der zweifellos objektiv und historisch eine enorme Bedeutung hat, einen einzelnen Menschen zwar intensiv aufmerken lassen, aber subjektiv doch unberührter lassen als eine Information, die für die Menschheit bedeutungslos ist, aber den Alltag dieses Menschen enorm beeinflusst: etwa wenn er eine Krebsdiagnose erhält, seine Liebe erwidert oder zurückgewiesen wird oder sein Kind einen Unfall hatte.

Allgemeine Bedeutung und subjektive Bedeutung findet man auch in den religiösen Traditionen: Es gibt die objektive, allgemeingültige Ebene der Lehre, der Riten und der Strukturen, und es gibt die subjektive Ebene der inneren Erfahrung, die die spirituellen Wege der Religionen pflegen. Letztere interessieren sich weniger dafür, was für alle wahr und von Bedeutung sein muss, als dafür, wie religiöse Inhalte auf einzelne wirken und was sie bewirken können. Diese innere Erfahrung führt vom Allgemeinen zum Persönlichen, zum Hier und Jetzt, zu mir selber, zu meinen Gefühlen und meiner Verantwortung, zur Achtsamkeit. Die spirituellen Wege der Religionen befassen sich deshalb mit den Gesetzmäßigkeiten des Inneren, mit den Gefühlen und Gedanken, die im Menschen entstehen, ihn bewegen und verändern.

In vielen Religionen gewinnen religiöse Persönlichkeiten eine besondere Bedeutung, wenn sie Außerordentliches geleistet oder sogar Wunder vollbracht haben. Meiner Meinung nach ist das eine irreführende Tendenz. Denn so wird die Vorstellung bedient, dass glauben bedeute, natürliche Vorgaben aufheben zu können; die Tiefe des Glaubens wird am Spektakulären gemessen. In allen Religionen gibt es zwar Wundergeschichten, aber es gibt auch die spirituellen Traditionen, die die Menschen darin unterstützen, nicht die äußere, objektive Wirklichkeit wunderbar zu verändern, sondern sie von innen her zu tragen und daran zu reifen.

Auch die Evangelien erzählen von vielen Wundern, die Jesus vollbracht hat, und die katholische Tradition misst sogar den Grad der Heiligkeit eines Menschen und damit das Maß der religiös-spirituellen Entfaltung an der Fähigkeit, Außerordentliches zu vollbringen, Wunder zu wirken oder auszulösen. Doch das Wesen und das Wesentliche im christlichen Glauben ist nicht das Außerordentliche, sondern die Bewältigung des Alltags und die Annahme des Lebens mit seinen Grenzen und Schatten.

Begründen kann man das sogar mit Blick auf die Kreuzigung Jesu: Als Jesus am Kreuz hing, so erzählen es die Evangelien, wurde er aufgefordert, sein Leiden zu beenden und vom Kreuz herunterzusteigen. Wenn er der Sohn Gottes sei, könne er dies auf diese Weise unmissverständlich zeigen, spotteten die Menschen. Und ergänzten: Wenn er das täte, würden sie sofort an ihn glauben. Doch Jesus tat nichts dergleichen: Er starb auf Golgata. Denn das innere Wesen des Glaubens, für den er steht, ist nicht das Wunder, die Magie oder die Macht über die Wirklichkeit, sondern das Sich-Einordnen in diese Wirklichkeit, die Kraft, sich dem Unerbittlichen zu stellen.

Am Kreuz hat Jesus bezeugt, dass es nicht darum geht,

dass die Menschen an ihn glauben, sondern dass sie von ihm und an ihm lernen, was glauben heißt. Die innere und individuelle Botschaft des Kreuzes ist nicht, dass Jesus für uns gestorben ist, sondern dass er uns in seinem Sterben und Auferstehen gezeigt hat, wie er wirklich gelebt hat und wie wir leben können – im Horizont der Gegenwart Gottes mitten im Alltag.

Deshalb übersetzen die spirituellen, mystischen Strömungen vieler Religionen die Bedeutung der religiösen Botschaft ins Subjektive, sie interessieren sich nicht so sehr für das Allgemeingültige, sondern für die Frage: Was betrifft mich? Sie verweisen den Glaubenden auf den eigenen inneren Weg, auf das Hier und Jetzt, auf die eigene Verantwortung. Die authentischen spirituellen Wege lehren, dass es keine Zeichen, keine Schriften, keine Lehrer, keine Gemeinschaft gibt, die mir den Weg der Läuterung und der Entwicklung abnehmen können. Das ist auch die spirituelle Botschaft des Kreuzes: Das Christentum ist keine Wunderreligion, sondern eine, die der Begegnung mit der Wirklichkeit – auch mit ihren Schattenseiten – standhält. Die christliche Theologie spricht sogar davon, dass die Kirche auf Golgata geboren wurde. Wenn man das zurückspiegelt auf Jesu Weigerung, der Forderung der Leute nachzukommen, vom Kreuz herabzusteigen, um Glauben zu wecken, heißt das, dass das Christentum aus der Verweigerung des Wunders geboren ist (Ricca, 2013).

Glauben ist demnach erstens die unerschütterliche Überzeugung, dass ich mich den Gesetzmäßigkeiten des Lebens stellen muss, und zweitens die Art und Weise, wie ich mich innerhalb dieser Gesetzmäßigkeiten positioniere. Glauben wird zwischen den Vorgaben der Traditionen und der eigenen Erfahrung verwirklicht, zwischen äußeren Verweisen und der eigenen Verantwortung, zwischen der Hoffnung auf Hilfe »von oben« und der unerbittlichen Gewissheit, dass niemand und nichts mein Engagement ersetzen kann. In der Balance dieser Gegensätze erkennt der Mensch seine Verantwortung und seine Schwäche und gerade in dieser Erfahrung kann er sich für das geheimnisvolle und paradoxe Wirken der Gnade Gottes öffnen, die ihre Kraft in der Schwachheit erweist (2. Korinther 12,9).

Geistige Entwicklung und Entfaltung des Glaubens

Wenn Glaube in dieser Verwobenheit mit dem persönlichen Leben verstanden wird, stellt sich die Frage, in welchem Zusammenhang Lebensreife und Glaubensweg bzw. Lebensweg und Glaubensreife stehen. Viele Elemente, die uns zum Glauben anregen, sind gewiss zeitabhängig – etwa das eigene Nachdenken oder die persönliche und die gesellschaftliche Erfahrung. Andere Glaubensquellen, wie heilige Schriften und Traditionen, können eher als abgeschlossene Impulse verstanden werden, deren Deutung natürlich von der jeweiligen Situation der Leserinnen und Leser abhängt. Was sich aber innerhalb der Wirkkräfte, die unseren Glauben bestimmen, ständig ändert, sind wir selbst und die Welt um uns herum. In der biblischen Tradition findet sich in der Figur des Abrahams ein Vorbild für einen Glauben, der sich in Veränderung verwirklicht. Abraham wurde aufgrund seines Glaubens ein Mensch des Weges. Er verließ seine Heimat und ging in das Land, das Gott ihm zeigen wollte. Religiöse Überzeugungen haben Menschen – einzelne und Gruppen – immer wieder zu Veränderungen motiviert und Aufbrüche angeregt. Doch Religion und Glaube stabilisieren auch, schaffen Strukturen, ordnen die Zeit. Zu den größten Herausforderungen der Verantwortlichen innerhalb der Religionen gehört, herauszufinden, ob Aufbruch und Veränderung oder Kontinuität und Stabilität der Ruf der Stunde ist. Jenseits dieser allgemeinen Beobachtungen wissen wir, dass sich die individuelle menschliche Wahrnehmung im Laufe des Lebens ändert und dass sich auch die Bewertung von Erfahrungen mit den Jahren verändert. Was dem Kind etwa noch ungerecht erschien, mag der Erwachsene rückblickend als notwendig bewerten.

Der amerikanische Theologe James Fowler hat in den Siebziger- und Achtzigerjahren des 20. Jahrhunderts, ausgehend von den psychologischen Erkenntnissen von Jean Piaget, Erik Erikson, Lawrence Kohlberg und den theologischen Vorgaben H. Richard Niebuhrs, die inzwischen viel beachtete Theorie der Glaubensstufen entwickelt: Glaube (*faith*) ist bei Fowler eine Struktur, die auf universelle Entwicklungsnormativität, unabhängig von Glaubensinhalten (*belief*), aufbaut. Die Altersangaben der sechs Stufen sind nur ein grober Richtwert. Hier eine kurze Zusammenfassung:

1. *Intuitiv-projektiver Glaube.* Nachdem sich in den ersten Lebensmonaten das Grundvertrauen des Kindes gebil-

det hat, entwickelt das Kind im Alter von etwa zwei bis sieben Jahren seine Vorstellungskraft. In dieser Zeit werden die Grundlagen für den Glauben (als *faith*) gelegt.

2. *Mythisch-wörtlicher Glaube.* Das Kind kann seinen Glauben bildhaft beschreiben. Gott ist oben, das Böse ist unten. Gott wird in anthropomorphen Metaphern beschrieben.
3. *Synthetisch-konventioneller Glaube.* Diese Stufe bildet sich im Alter zwischen 12 und 13 Jahren. Viele Erwachsene kommen nie über diese Stufe hinaus. Die Glaubensidentität ist vom Feedback wichtiger Menschen und vom sozialen Umfeld abhängig (deshalb »konventionell«). Fragmente des Glaubens werden zusammengesetzt, passen aber oft noch nicht zusammen, daher heißt die Stufe auch »synthetisch«.
4. *Individuierend-reflektierender Glaube.* Das Individuum beginnt aus den Konventionen herauszutreten, eigene Positionen auch entgegen seinem Umfeld zu entwickeln und zu behaupten.
5. *Verbindender Glaube.* Der Sinn von verschiedenen Glaubensaussagen wird erkannt, andere Glaubenstraditionen werden wertgeschätzt. Der Glaube gewinnt hierdurch an Weite. Nur wenige Erwachsene erreichen diese Stufe und meist auch erst im höheren Erwachsenenalter.
6. *Universeller Glaube.* Der Mensch erlebt die Verheißung des Glaubens – ein Christ z.B. das Himmelreich – im Hier und Jetzt und weiß um den einheitlichen Ursprung aller religiösen Formen und Inhalte. Nur sehr wenige Menschen, wie z.B. Mahatma Gandhi, Mutter Teresa oder Martin Luther King, haben diese Stufe erreicht.

Entscheidend für die Veränderung des Glaubens im Laufe eines Lebens sind die veränderten Strukturen der Wahrnehmung: Wir verarbeiten das Wissen über unser Leben, um die Weltanschauung, die einer bestimmten mentalen Struktur entspricht, zu unterstützen. Die verschiedenen Weltanschauungen, welche die Glaubensstufen hervorbringen und bedingen, sind wiederum auf Werte- und Machtzentren aufgebaut. Diese Zentren steuern das Empfinden für Identität, Zugehörigkeit und Sinn (Raab, 141). Aus ihnen entwickeln wir nicht nur die Kriterien für unser Tun und Lassen, sondern auch die Vorstellung von den Möglichkeiten, die wir für unsere Lebensgestaltung haben; aus ihnen gestalten wir unsere Beziehungen und bauen ein Gefühl für den Sinn des Lebens auf.

Über Biografieforschung und Interviews kam Fowler zu der Erkenntnis, dass sich die Werte- und Machtzentren im Laufe des Lebens über Reifungsprozesse, welche von religiösen Vorstellungen stark beeinflusst werden, entwickeln. Der Weg geht von einer engen und selbstbezogenen Wahrnehmung der Wirklichkeit in den unteren Stufen zu einer Weltanschauung, die Unterschiede und Verschiedenheiten toleriert, ja wertschätzt, in den oberen Stufen.

Die letzte Stufe führt zur sicheren Erkenntnis, dass alle Unterschiede in den religiösen Vorstellungen auf eine einzige Einheit zurückzuführen sind. Mit dem Voranschreiten auf den Stufen nehmen auch Mitgefühl und der Einsatz für andere Menschen zu. Die Entwicklung von einer zur anderen Stufe verläuft nicht automatisch, sondern wird von Vorstellungen und Erfahrungen unterstützt oder behindert.

Die psychologische Entwicklung, und das ist das Spannende und Zentrale, verursacht in den verschiedenen Stufen auch ein je eigenes Gottesbild. Das heißt, psychologische Reife und spirituelle Entwicklung bedingen und unterstützen sich im Normalfall. Allerdings scheint die religiöse oder spirituelle Wirklichkeit etwas beizutragen, was rein menschlich oder psychologisch nicht erklärbar ist. In der Deutung der Glaubensentwicklung beruft sich Fowler nämlich auf das Konzept der Gnade und geht davon aus, dass die religiöse Entwicklung von einer zur anderen Stufe nicht ohne Kraft und Führung »von oben« möglich ist. Es ist offensichtlich, dass der Mensch mit den eigenen Möglichkeiten nicht die Enge der Persönlichkeit überwinden und die Stufen der Entwicklung hinaufgehen kann. Es bedarf einer Glaubenserfahrung, die nur durch die reale Begegnung mit dem Geheimnis Gottes möglich ist (Osmer, 250 f.).

Hier stehen sich die religionswissenschaftliche Theorie Fowlers, die Transpersonale Psychologie und die Mystik sehr nahe: Für die Entwicklung der Seele, für Befreiung und Erleuchtung ist eine andere Wirklichkeit erforderlich, als wir selber sind. Der Mensch kann sich nicht allein entfalten; er braucht dazu eine Kraft von außen und von oben: Die Religionen nennen diese Wirklichkeit Gott, die Mystik nennt sie tragenden Grund, die Transpersonale Psychologie die letzte Wirklichkeit oder das Göttliche und die Psychosynthese das Selbst.

Biographischer Exkurs zu den Glaubensstufen: Thomas Merton

Dass die Beobachtungen und Erkenntnisse Fowlers nicht aus der Luft gegriffen sind, lässt sich am Beispiel der Biografie des Mystikers und Schriftstellers Thomas Merton zeigen (Raab, 140–154).

Thomas Merton (1915–1968) trat im Alter von 23 Jahren, nach einem religiös eher wenig engagierten Leben in der Anglikanischen Kirche, in die Katholische Kirche ein und wurde Trappist. Zuerst beschäftigte er sich intensiv mit der Mystik des Christentums und dem christlichen Mönchtum. Nach einer sehr bewegten und wenig Sicherheit vermittelnden Kindheit und einer unsteten Jugendzeit hatte er in der Ordnung des Klosters endlich eine Heimat gefunden. Dass er diese Erfahrung mit einem synthetisch-konventionellen Glauben, der der dritten Glaubensstufe entspricht, beantwortete, ist nachvollziehbar.

Dann aber begann er aus dieser Stufe herauszuwachsen; dafür könnte das Studium der fernöstlichen Religionen Ursache und Wirkung zugleich gewesen sein. Da er den großen Wert anderer religiöser Traditionen kennen und schätzen lernte, überwand er das »Entweder-oder« (um ein richtiger Christ zu sein, muss ich dies ganz sein und kann nicht Wahrheiten, Einsichten oder Überzeugungen anderer Religionen übernehmen), das typisch für die dritte Stufe ist. Später wuchs er in die Mentalität der vierten und fünften Stufe hinein und erkannte dadurch nicht nur den spirituellen Wert der fernöstlichen Religionen, sondern verstand die eigene christliche Tradition und Identität vor allem über die Begegnung mit den östlichen Religionen besser. Typisch für die fünfte Stufe der Glaubensentwicklung ist nämlich, dass Menschen in ihr die eigene Glaubenstradition aus der Perspektive anderer Traditionen besser und tiefer zu verstehen beginnen. Von ähnlichen Erfahrungen bei der Begegnung mit dem japanischen Zen-Buddhismus berichten christliche Missionare aus verschiedenen Jahrhunderten.

Ob Merton eine Erlebnisstruktur hatte, die der sechsten Stufe entspricht, ist umstritten. Diese sechste Stufe – der sogenannte universelle Glaube – beinhaltet nämlich die Überwindung der personalen oder theistischen Gottesvorstellungen. Dass dies nicht nur in der tiefen Zen-Erfahrung, sondern auch in der christlichen Tradition möglich ist, beweist das Schrifttum von Meister Eckhart. Auf dieser sechsten Stufe gibt es keine Erfahrungsunterschiede mehr, weil die religiöse Erfahrung der sechsten Stufe jenseits von Lehren und Bildern ist.

Übung für die Seele: Heimat im inneren Raum gewähren

In der Begegnung von Menschen gibt es verschiedene Stufen oder Intensitätsgrade.

Menschen, die miteinander im Bus sitzen oder sich beim Einkauf begegnen, schauen sich im Normalfall nicht an und grüßen sich auch nicht; dies zu tun ist oft die Überschreitung einer Grenze, die zu respektieren eine Verhaltensnorm darstellt.

Arbeitskollegen grüßt man am Morgen, man geht mit ihnen einen Kaffee trinken oder nimmt das Mittagessen gemeinsam ein; es kann auch sein, dass man private Sachen mitteilt oder bespricht.

Freunde sucht man sich aus und Freundschaften entstehen vielfach, weil man ähnliche Themen, Interessen oder Probleme hat. In der gemeinsamen Zeit geht es dann tatsächlich oft um diese Themen.

Intime Beziehungen sind nochmals dichter. Sie haben damit zu tun, dass man sich der Welt des anderen anvertraut und das Angebot des Vertrauens des Partners oder der Partnerin annimmt.

In all diesen Stufen geht es um eine andere Wahrnehmung und Gewährung des inneren Raumes oder der Seele. Dabei ist festzustellen, dass die physische Präsenz nicht die ausschlaggebende Rolle spielt. Physische Nähe ist nicht Voraussetzung für seelische Nähe.

Seelische Nähe hat nämlich damit zu tun, dass ich weiß, dass jemand mir in seinem Inneren bewusst Raum und Heimat gibt. Ob jemand das tut oder nicht, merken wir genau. Besonders Kinder haben dafür eine sensible Antenne.

Wir sehnen uns alle nach Zeiten, wo wir ganz bei anderen sein können und wir Platz in unserem Inneren für sie haben, also ganz und achtsam füreinander da sind. In solchen Stunden teilen wir einander mit, was wir voneinander wahrnehmen und wie das auf uns wirkt. Das sind Sternstunden des Lebens, die uns den Sinn und die Kostbarkeit des Lebens erschließen.

Für Thomas Merton ist kontemplative Erfahrung, dass der Mensch erahnt, wie Gott seiner gewahr wird und erlebt, wie Gott ihm/ihr das zeigt. Dies kann man nicht machen; es ist ein Geschenk der Gnade und der Zuwendung Gottes (Merton, 28).

Ich lade dich ein, darüber nachzudenken, ob dir Gott, das Göttliche oder die letze Wirklichkeit je so begegnet ist. Das heißt, dich zu fragen, ob dein Nachdenken und Nachfühlen in Bezug auf diese Wirklichkeit immer (nur) eine Fortsetzung deiner Gedanken und Gefühle ist oder ob dir in der religiösen und spirituellen Suche auch ab und zu etwas Neues, Unerwartetes, von dir selbst ganz und gar Verschiedenes begegnet ist.

Es ist auch eine der tiefsten Formen menschlicher Begegnung, wenn wir wahrnehmen, wie uns andere wahrnehmen. Dies spüren zu lassen oder mitzuteilen ist auch Gnade – ein gegenseitiges Geschenk.

Allein glauben: Der reformatorische Genius

Glauben gehört zu den wichtigsten Themen religiöser Erfahrung und theologischen Denkens. Martin Luther und die Reformation haben mit dem *sola fide* einen eigenständigen und nicht zu unterschätzenden Impuls für die Entwicklung des Glaubensverständnisses im Christentum geliefert. Der Ansatz Luthers hat eine Dynamik ausgelöst, die aus der Geschichte des Christentums nicht mehr wegzudenken ist und dazu geführt hat, dass Glauben grundsätzlich auch eine individuelle Dimension hat und eine bergende und entlastende Lebensdeutung unterstützt. In der Rückschau erkennen wir, dass sich der reformatorische Impuls indirekt auch auf die katholische Kirche ausgewirkt hat, weil sie sich mit der Reformation auseinandersetzen musste und dadurch viele Ideen der Reformation übernommen hat.

Der Hintergrund für Luthers Konzentration auf das Glaubensthema ist sein Ringen um einen »gnädigen Gott«. Die Mentalität des Mittelalters und wohl auch die Struktur der Persönlichkeit Luthers hatten ihn dazu geführt, sich stark auf Leistung, Sünde und Kreuz als Variablen des spirituellen Lebens und des theologischen Denkens zu fokussieren.

Der Kampf, den Luther zunächst in sich mit Gott führte, wurde durch die Reformation nach außen getragen und forderte die Christenheit Europas dazu heraus, Stellung zu beziehen. Luther ging es dabei im Grunde nicht um Theoriebildung oder die Klärung theologischer Fragen; sein Anliegen war der konkrete Mensch in seiner Sehnsucht nach Erlösung und Befreiung. Durch die Verkündigung des Evangeliums und das Angebot Gottes in Christus sollten alle Menschen von jenem religiösen Leistungszwang befreit werden, den Luther schon abgeschüttelt hatte. Denn »die Reformation war so in erster Linie eine ›Seelsorge-Bewegung‹. Der Streit drehte sich nicht um Richtigkeit, sondern um die Wahrheit, die frei macht und trägt. Deswegen sollte Luthers Theologie unter seelsorglich-therapeutischer Perspektive dargestellt, bedacht, kritisiert und weitergeführt werden« (Barth, 28).

Aus Gnade gerecht

In der Arbeit mit der Bibel und vor allem in der Betrachtung zentraler Stellen aus dem Römerbrief (insbesondere Römer 1,16 f.) kommt Luther zur Erkenntnis, dass der Mensch nicht durch Leistung, sondern allein durch den Glauben gerecht wird. In der deutschen Sprache funktioniert das Wortspiel zwischen gerecht und recht und macht dadurch gleichzeitig den heute schwer nachvollziehbaren Bezug Luthers zur religiösen Situation des Menschen im Mittelalter verständlich.

Heute haben wir nämlich weniger das Bedürfnis, vor Gott (noch dazu in einem zukünftigen Leben) gerecht zu sein oder zu werden; wir wollen eher im Hier und Jetzt ein rechtes Leben führen. Das heißt, ein Leben, in dem unsere Grundbedürfnisse befriedigt werden und das unseren Vorstellungen von einem sinnvollen Leben halbwegs entspricht. Eigentlich wollen wir auch vor der Öffentlichkeit gut dastehen und wir hoffen im Allgemeinen, dass unser Leben in eine Wirklichkeit eingewoben ist, die uns auch durch den Tod hindurch trägt. Ein rechtes bzw. gerechtes Leben in unserem Sinne soll authentisch, stimmig, richtig ausgerichtet sein. In diesem Sinn wollen wir auch heute alle ein rechtes, geordnetes und dadurch gerechtes Leben führen, ein Leben, dem nichts Wesentliches fehlt.

In der von Religiosität geprägten Lebenswelt Luthers hängen die Fragen nach rechtem Leben, die wir heute innerweltlich reflektieren, wesentlich mit Gott und mit der Rechtsprechung, die von Gott kommt, zusammen.

Um zu erkennen und zu erfahren, was er tun könne, um diese Rechtsprechung zu erhalten, rang Luther als Christ,

Mönch und Priester bis zur Verzweiflung. In der existenziellen Erkenntnis: »Der Mensch wird durch Glauben recht« – oder eben gerecht – (Römer 1,17), begann für Luther ein neues Leben. Vielleicht kann man dieser Erfahrung eine wendende Tiefe zuschreiben, die mit der Erfahrung des Paulus vor Damaskus zu vergleichen ist. Die Erkenntnis, dass der Mensch durch und aus Glauben gerecht wird, ist zwischen 1513 und 1515 anzusiedeln. Sie war der Auslöser dafür, dass von diesem Zeitpunkt an Luthers zentrales Anliegen die Verkündigung jenes entlastenden Glaubens war (Fudge, 231 f.). Aber worin bestand der große Wandel oder die große Verwandlung, die Luther zum unermüdlichen befreiten Befreier machte?

Die mittelalterliche Theologie hatte für ihr Rechts- und Gerechtigkeitsempfinden die Begrifflichkeit des römischen Staatsmannes Cicero übernommen. Diese geht – etwas verkürzt beschrieben – einerseits davon aus, dass Gerechtigkeit darin besteht, dass jedem gegeben werden soll, was ihm zusteht. Andererseits erfordert die Gerechtigkeit auch, dass jeder für die Gesellschaft etwas tun und beitragen muss. Cicero hatte diese Überlegung allerdings aus der Perspektive des Staatsmannes angestellt und so definiert, was der Staat leisten und fordern muss, damit allen Gerechtigkeit gewährt werden kann.

Dass die mittelalterliche Kirche und Theologie dieses Rechtsverständnis übernommen hat und auf die Vorstellung von Recht und Unrecht, Strafe und Vergebung, Versagen und Sühne übertragen hat, hatte schwerwiegende Folgen für die Gestalt der Religion, die bis in unsere Zeit spürbar sind. Denn die religiöse Dimension von Gemeinschaft, Sünde und Vergebung, Gnade und Erlösung, welche die Kirche als Alternative zum politischen und gesellschaftlichen Verständnis des Zusammenlebens hätte einbringen müssen, wurde damit in den Hintergrund gedrängt. Auch dagegen lehnten sich die Reformatoren auf.

Vor seiner Erfahrung des Glaubens als Entlastung meinte Luther zu wissen, was er für die eigene Rechtfertigung tun müsse, und war doch gleichzeitig von der Angst zerfressen, dass er nie in der Lage sein würde, dem Anspruch Gottes entsprechen zu können. Die für Luther so wichtige Stelle im Römerbrief (Römer 1,17) hatte Paulus wohl vom Propheten Habakuk (2,4) übernommen. Dort lesen wir: »Der Gerechte aber bleibt wegen seines Glaubens am Leben«. Diese Aussage findet sich auch an anderen Stellen des paulinischen Schrifttums (u. a. Galater 3,11) und gehört zum Fundament paulinischer Theologie und christlicher Glaubenserfahrung. Von dieser Zusage war Luther so betroffen und befreit, dass er seine Theologie im Wesentlichen als Rechtfertigungstheologie aufgrund des Glaubens weiterentwickelte.

Im Verlauf seiner religiösen Entwicklung kommt Luther zur Erkenntnis, dass der Glauben nicht ein Akt ist, den der Mensch von sich aus setzen kann, sondern dass glauben in der Begegnung und in der Verbindung mit Christus geschieht. Luther konzentriert die Glaubenserfahrung so stark auf Christus, dass dieser Inhalt, Energie und Form des Glaubens wurde. In dieser Begegnung mit Gott kann der Mensch ein Recht-Sein, ein bisher nie gefühltes und gekostetes Gut-Sein erfahren.

Das war ein ungeheurer Durchbruch, der nicht nur zu einem neuen Selbstbewusstsein führte, sondern zu einem neuen Gottesbewusstsein. Nach dieser Erfahrung hat das Gesetz keine Macht mehr, geforderte gute Taten spielen keine Rolle mehr auf dem Weg zu Gottes Gerechtigkeit, sondern nur der Glauben und die Erfahrung, dadurch gerechtfertigt zu sein. Luther ging es also nicht um eine *Theologie* des Glaubens, sondern um eine *Erfahrung* oder um das *Geschehen* des Glaubens (Fudge, 243).

Diese auf Erfahrung gegründete Theologie hat weitreichende Folgen in der Geschichte des Christentums: eine Wende von der Werkgerechtigkeit zur Gerechtigkeit aus Glauben. Die Werke setzen Glauben nicht (mehr) voraus und ermöglichen ihn auch nicht, sondern können seine Folgen sein. Das Vertrauen in Gott ermöglicht es, sich ganz und gar Gott anheim zustellen und Gott Gott sein zu lassen.

Mit der Theologie des Glaubens als Erfahrung und Ereignis griff Luther eine Grundüberzeugung der Mystik im Allgemeinen und der deutschen Mystik im Besonderen auf. Die Haltung, mit der sich der Mensch Gott überlässt, hat mit der Haltung des Vertrauens und der Gelassenheit zu tun. Diese sind in der christlichen Mystik genauso zentral wie in der fernöstlichen Zen-Tradition (Rochelle, 1989).

Wie stark Luther diese spirituelle Haltung bzw. das mystische Sich-Einlassen auf das Angebot Gottes in Christus nachfühlen konnte, zeigt seine Wertschätzung für die mystische Schrift »Theologia Germanica«. Es handelt sich dabei um eine Zusammenstellung deutscher mystischer Texte. Luthers Denken, seine spirituelle Erfahrung und Entwicklung wurden von diesen Texten ganz wesentlich mitgeprägt. »Kein Buch«, so schreibt er selber, »nach der Bibel und Sankt Augustin – hat mir so viel über Gott, Christus und den Menschen beigebracht, wie dieses« (zitiert nach Rochelle, 36). Kein Wunder, dass der Reformator diese Sammlung auch mehrmals publizierte.

Luther und die Reformation sind in dieser radikal neuen Auffassung dessen, was Glaube und Glauben bedeuten, also auch die Frucht der deutschen mystischen Tradition. Andererseits aber keimte in der Reformation auch eine Religiosität, die ohne persönliche Auseinandersetzung und gesellschaftlich sozialer Verortung nicht mehr zu denken ist.

Der Mythos: Das seelische Kleid des Glaubens

In der Umgangssprache haben die Begriffe mythisch und Mythos den Beigeschmack des Unwahren, falsch Überlieferten, Überholten, Fabelhaften oder esoterisch Geheimnisvollen. Wir sagen etwa: »Erzähl mir doch keine Mythen«, und meinen: »Sag mir nicht etwas, was unrealistisch ist.« Oder behaupten: »Das ist ein Mythos!«, und zweifeln damit an, dass ein Ereignis irgendeine Wirkung hatte oder hat.

Die Religions- und Kulturwissenschaften aber haben in den vergangenen Jahrzehnten herausgearbeitet, dass die Fähigkeit der Mythenbildung eine Kulturleistung des Menschen ist, die für die Entwicklung der Menschheit zentrale Bedeutung hat. Der Mythos ist eine Art und Weise, mit der Weite und mit den Grenzen des Lebens umzugehen. Er erzählt und berührt eine Welt, die nicht messbar ist, aber doch Auswirkungen hat und er ist wahr, weil und sofern er wirkt (vgl. Amstrong, 15). So bestimmt der Mythos die Hintergründe der Religiosität und des Glaubensaktes wesentlich mit.

Mythen können helfen, den Raum der Transzendenz zu erschließen und uns in Kontakt mit dem Geheimnis, das wir nicht in Worte zu fassen vermögen, zu bringen. Sie haben außerdem eine kosmologische Funktion, weil sie dem Menschen im unendlichen Universum ein Heimatgefühl geben, vom Ursprung und der Bewältigung des Chaos erzählen, dadurch Sicherheit vermitteln und dem Menschen innerhalb dieser Ereignisse eine Aufgabe zuweisen. Des Weiteren haben Mythen eine soziologische Funktion. Sie unterstützen die soziale Ordnung, die Kontinuität im Stamm und die Zugehörigkeit zur Gruppe, verhindern Spannungen und Abspaltungen und fördern den Frieden. Und schließlich kann noch auf die psychologische Funktion des Mythos verwiesen werden, denn er kann Menschen durch ihr Leben begleiten, indem er die für die Entwicklung notwendigen Phasen und Übergänge aufzeigt und Riten für deren Bewältigung anbietet.

So verbindet der Mythos unser Unbewusstes mit dem kollektiven Unbewusstsein (Jung) und mit den Urgeschichten der Menschheit (Eliade); er ist Schall und Echo einer fundamentalen Struktur unseres Geistes (Lévi-Strauss) und intensiviert unser Leben durch einen Bedeutungsmehrwert (Ricœur). Die mythische Fähigkeit hilft, die physische Realität des Lebens überschreiten zu können und ihm dadurch zusätzliche Bedeutung zu vermitteln. Mythen haben Menschen seit eh und je in eine andere Wirklichkeit gebracht.

Sie haben ihnen geholfen, die Unerbittlichkeit und Vergänglichkeit des Lebens aus der Perspektive der Erlösung und der Unvergänglichkeit wahrzunehmen und die Fragen »Woher kommen wir und wohin gehen wir?« wach und erträglich zu halten. Nicht zufällig haben Freud und Jung sich der griechischen Mythologie – welche auch als die erste Psychologie bezeichnet werden kann – bedient, um die Bewegungen der Seele besser zu verstehen und zu beschreiben (Armstrong, 16).

Religionen und Mythen begegnen sich in einem gemeinsamen Anliegen: Sie erzählen Geschichten, die eine therapeutische Wirkung haben. Offensichtlich sprechen Mythen jene Ebene des Erlebens an, die sich in der frühen Kindheit bildet und geheimnisvoller und bedeutungsgeladener erscheint als die physischen und gesellschaftlichen Tatbestände (Bastian 2009, 2); es mag jene Welt sein, von der die Physik nichts weiß oder die wir mit den fünf Sinnen nicht wahrnehmen und gestalten können.

In der griechischen und römischen Antike ist *Mythos* – im Unterschied zur Philosophie – eine laut gesprochene Botschaft, die aus der Welt der Götter kommt, während der *Logos* eher eine Botschaft darstellt, die der menschlichen Vernunft entspringt und nicht laut ausgesprochen wurde (Lane, 692). Zur Wirkung des Mythos gehören also das öffentliche Aussprechen und das gemeinsame Hören. Damit ist, im Unterschied zu verschiedenen anderen sprachlichen Handlungen, ein typisch religiöses Sprachgeschehen umrissen, das etwa im Gottesdienst seinen Ort hat. Die mythische Leistung religiöser Texte ist darin begründet, dass sie den Kontakt zwischen Bewusstem und Unbewusstem, Essenz und Existenz, Göttlichem und Menschlichem in uns herstellt und uns im besten Fall unsere »gottoffene Seite« (M. Kehl) bewusst macht. Ist die Seele der Ort, an dem die Begegnung zwischen diesen Bereichen geschieht, dann ist der Mythos die bevorzugte Sprache dieses Ortes. Heilige Texte in diesem Sinn als Mythen zu beschreiben, gibt ihnen eine ganz neue Bedeutung. Große Teile der Bibel – und in einem gewissen Sinn die ganze Bibel – erhalten, wenn man sie als Mythos versteht, neuen Sinn und neue Kraft.

Die Bibel als mythische Evokation

Bis vor nicht allzu langer Zeit hat man angenommen, dass biblische Texte dann Bedeutung haben, wenn sie sich historisch verifizieren lassen. Wie verfehlt dieser Zugang ist, lässt sich etwa am Umgang mit den Schöpfungserzählungen und den Genealogien oder Geschlechterfolgen im Alten Testament festmachen. Aufgrund eines aus heutiger Sicht wirklich eigenartigen Umgangs mit der Bibel hat man bis ins 19. Jahrhundert hinein geglaubt, dass der Mensch vor ziemlich genau 6000 Jahren erschaffen wurde. Man ist zu diesem Zeitpunkt gekommen, weil man die Schöpfungserzählungen mit den Geschlechterfolgen (vgl. z.B. Matthäus 1) kombiniert hat. Seit die Naturwissenschaften uns ganz andere Daten über die Entstehung der Welt und des Menschen liefern, wissen wir, wie unangebracht und falsch diese Deutung der alttestamentlichen Texte war.

Als Mythos gelesen sprechen diese Erzählungen davon,

dass der Menschen mit der Hilfe Gottes dem Chaos des Lebens und der Welt begegnen kann, wie er dadurch selber schöpferisch werden kann und wie Geschichte Bedeutung erhält. Die Geschichte Israels ist nicht im Sinne und mit dem Ziel unserer zeitgenössischen Geschichtsschreibung überliefert, sondern auch und vor allem als mythische Erzählung. Als solche wurde sie immer wieder aufgegriffen und bearbeitet, um dem Volk Israel zu helfen, aktuelle Situationen aus der ganzheitlichen Sicht der Wirklichkeit und mit der Kraft der imaginären Welt der Religion zu bewältigen. Und auch wir lesen diese Texte immer wieder neu und erfahren ihre Wahrheit und Echtheit nicht daran, dass wir Fakten zur Geschichte des Volkes Israel kennenlernen, sondern neue Impulse zu unserer Lebensbewältigung und Kreativität erhalten.

Der Gebetsschatz Israels, der unter anderem in den Psalmen festgehalten ist, ist das Resultat glaubender Wirklichkeitsverarbeitung und Lebensbewältigung. Das Leben des biblischen Beters ist – wie unser aller Leben – verwoben mit den Stärken und Schwächen, mit der Größe und Armseligkeit des Menschen. Aus diesen Situationen heraus betritt die religiöse Phantasie oder die Phantasie der Religion den geheimnisvollen Raum Gottes und erzeugt Bilder und Worte, »die nicht von dieser Welt sind«. Wer diese Worte aus der Haltung, in der sie entstanden sind, liest, meditiert oder betet, wird unwillkürlich auch mit der Welt, die diese Texte ermöglicht und hervorgebracht hat, konfrontiert werden und zum Weiterdichten und Weiterbeten angeregt.

Ebenso lässt sich das prophetische Werk des Alten Testaments mythisch lesen und deuten. Der Prophet ist jemand, der besondere Aspekte der Wirklichkeit sieht und zur Sprache bringt. Es sind jene Aspekte, die Menschen in ihren Alltagssorgen übersehen oder verdrängen; es sind aber auch jene Aspekte, welche politische und religiöse Systeme bewusst und im Interesse der Machterhaltung ausklammern. Prophetisch ist, diese Aspekte der Wirklichkeit öffentlich zur Sprache zu bringen. Deswegen wurden Propheten vielfach verfolgt, vertrieben und getötet.

Auch die Biografie Jesu, wie die Evangelien sie festhalten, ist mit einer mythischen Intention geschrieben worden. Denn alles, was über Jesus erzählt wird, kann auch in unserem Leben eine Rolle spielen. Der göttliche Ursprung Jesu, sein Leben unter dem Horizont des Reiches Gottes, sein Einsatz für Wahrheit, Gerechtigkeit und Werte, seine Art und Weise zu sterben und auferweckt zu werden haben auch mit unserem Leben zu tun – das kann erleben, wer sich den Texten über eine mythische Interpretation nähert.

Gerade hier liegt der Unterschied zwischen historischer Darstellung auf der einen Seite und mythischer Darstellung auf der anderen Seite. Historisch meint: objektiv, nachweisbar und abgeschlossen. Mythisch ist eine Erzählung, die Grundstrukturen des Lebens abbildet, die nicht an eine bestimmte Zeit gebunden und deshalb über und außerhalb der Zeit verankert ist. Darum können diese Erzählungen auch mit mir und mit uns zu tun haben. Weil sie immer noch Menschen betreffen, berühren und ihnen helfen, sind sie nicht historisch abgeschlossen. Die Gleichnisse und Wunder Jesu erzählen vom Ineinanderwirken irdischer Gegebenheiten (Mangel, Krankheit, Hunger, Sünde, Not usw.) mit der weiten Wirklichkeit des Reiches Gottes und verbinden damit die verschiedenen Dimensionen der Wirklichkeit.

So steht auf der einen Seite die mythische Wirklichkeit der Glaubensüberlieferung und auf der anderen Seite ihre Wahrnehmung und der Umgang mit ihrer Wirkung. Mit religiösen Geschichten und ihrer mythischen Dimension umgehen zu können, erfordert eine bestimmte Einstellung, eine besondere Fähigkeit, Sensibilität und Fertigkeiten, die wir im Umgang mit heiligen Texten inzwischen vielfach verloren haben.

Ein Schüler von Carl Gustav Jung, der russische Rabbinersohn Ira Progoff, hat sich intensiv mit der Dynamik des Mythos befasst und seine Wirkung als Evokation, als Aufruf beschrieben. Geschichten, Symbole, Riten und Mythen rufen uns heraus. Wenn wir lernen, achtsam mit ihnen umzugehen, entwickeln sie eigene Bilder und Gedanken, die typisch für das Funktionieren der Seele sind. Wer sich den heiligen Texten der jüdisch-christlichen Tradition (Bibel, Traditionen und Dogmen) nur mit der Frage nähert, worin ihre äußere geschichtliche Wahrheit besteht, wird ihnen nicht gerecht werden. Denn die Kraft der religiösen Tradition wird vielfach erst auf einer inneren Ebene wahr und wirksam. Wer die mythische Dimension der Überlieferungen kennenlernen möchte, muss lernen, einen ganz anderen Zugang zu religiöser Praxis und gläubigem Leben zu entwickeln. Es bedeutet unter anderem, Texte und Riten im Hinblick auf das, was sie auslösen, wahrzunehmen. Oder in der Weiterführung dieser Möglichkeit die Aufmerksamkeit vor allem auf die Auswirkung und das Erspüren der Wirkung von Texten und Ritualen, aber auch von Institutionen und Strukturen zu richten.

IV.

Glaube als achtsames Leben

Ein dynamisches Verständnis der Seele, eine weite Sicht der Religion und eine menschliche Sicht auf den Glauben führen zur Frage, was uns zuinnerst bewegt und was für das Leben wesentlich ist. Ein Großteil der Menschen – viele auch trotz religiöser Zugehörigkeit und Praxis – befasst sich selten oder nie mit dem Wesentlichen in ihrem Leben. Unter »Beschäftigung mit dem Wesentlichen« verstehe ich die Bereitschaft, sich immer wieder zu hinterfragen und den eigenen Lebensstil so zu konzipieren, dass Raum und Zeit für die eigene Lebenswahrnehmung bleibt und dass es Bereiche gibt, die über die Alltäglichkeit und den unmittelbaren Nutzen hinausweisen.

Der Organisationsforscher Stephen R. Covey hat vielfach nachgewiesen (Covey 1998), dass sich die Menschen in der Arbeit und wohl auch im privaten Leben vorwiegend mit dem befassen, was ihnen zufällt und was andere von ihnen wollen und erwarten. Covey fasst dieses Verhalten unter dem Stichwort des Dringenden zusammen und behauptet gleichzeitig, dass das Dringende meistens nicht wesentlich und das Wesentliche nicht dringend ist. Eine Ursache dafür, warum wir am Abend oder am Ende einer Woche oft geschafft sind, ohne das Gefühl zu haben, wirklich etwas geschafft zu haben, ist gerade darin zu suchen, dass wir uns fast ausschließlich mit dem Dringenden beschäftigen und so für das Wesentliche wenig Zeit, Raum und Energie bleibt. Müdigkeit, Enttäuschung und Erschöpfung kommen oft aus der Erfahrung, wenig oder nichts für das Unsere oder eben das Wesentliche getan zu haben. Eine Haltung der Achtsamkeit kann uns lehren, die Wirkung des Dringenden und Drängenden von der Wirkung des Wesentlichen zu unterscheiden. In Folge davon sind wir in der Lage, bewusst Ja zu dem zu sagen, was uns guttut, und bewusst Nein zu dem zu sagen, was uns schadet. So hat die Entscheidung für ein gutes und sinnvolles Leben mit der Entscheidung zu tun, dem Wesentlichen im Leben genügend Aufmerksamkeit zu widmen.

Gott ist mitten in der Welt und ihre Mitte

Was unterstützt uns dabei, dem Wesentlichen auf die Spur zu kommen? Der Umgang mit dem Dringenden und Äußeren ist sehr oft an Tun und Leistung gebunden. Es geht um Anerkennung, die erhofft wird, wenn wir uns den Gesetzen des Dringenden unterordnen. Die innere Erfahrung des Wesentlichen aber erschließt oder gewährt sich als bedingungsloses Angenommensein. Dies zu erkennen und zu spüren kann sehr entlastend wirken.

Gott ist – wenn wir an ihn glauben – Teil unserer konkreten Wirklichkeit. Es gibt nur eine Welt, die alles enthält: Materie und Geist, Leib und Seele. Und in dieser Welt, in unserem Leben begegnen wir Gott. »Wer Gott in der Kirche tiefer zu erfahren glaubt als im Stall, hat ihn nicht wirklich gefunden«, hat Meister Eckhart gesagt. Deshalb geht es, wenn wir religiös und gläubig leben wollen, nicht darum, sich von der Welt abzukehren oder sich nur noch mit religiösen oder spirituellen Dingen zu befassen, sondern es geht darum, achtsam zu leben und mitten im Leben und unter den Bedingungen des Alltags die tragende und annehmende Wirklichkeit Gottes zu spüren. Diese Wirklichkeit erschließt sich mir in dem Maße, wie ich mich für sie öffne. Das heißt, in meinem Leben begegnet mir immer auch das, was ich glaube. Damit ist eine klare und unerbittliche Gesetzmäßigkeit, die unser Leben bestimmt, angesprochen: »Die Gnade setzt die Natur voraus«, ist ein Axiom des mittelalterlichen Theologen Thomas von Aquin, und Meister Eckhart schrieb: »Das Auge, mit dem ich Gott sehe ist das Auge, mit dem Gott mich sieht.« Glauben realisiert sich nicht jenseits der menschlichen Möglichkeiten, sondern entfaltet sich unter den Bedingungen unseres Lebens. Deshalb ist die Auseinandersetzung damit, wie wir unsere Existenz deuten, was für uns wahr und wesentlich ist, unverzichtbar für den Weg zu einem guten und sinnvollen Leben.

Um das Wesentliche zu finden und zu leben, braucht es als Erstes die Befähigung, Dringendes vom Wesentlichen unterscheiden zu können. Dies geht nicht ohne einen kritischen Blick auf das eigene Leben: Ohne periodisches Hinterfragen der Lebensvisionen, ohne Reflexion des Beziehungsnetzes, ohne Beobachtung, was unsere Arbeit und unsere Produkte mit uns, mit den Mitmenschen und der Umwelt machen, werden wir die wahren Themen unseres Lebens nicht spüren.

Dass die Konzentration auf die rein materielle Entwicklung in die Irre geführt hat, erleben viele Menschen in diesen Jahren der ökonomischen Krisen. Ausgehend von diesen Erfahrungen erkennen sie, dass sie andere Maßstäbe brauchen, um das Leben zu bewerten und es aus der Perspektive eines neuen Paradigmas planen zu können. Dies erfordert wohl eine Art Umkehrung der Werte, damit den wesentlichen Fragen des Lebens, zu denen die Sinnfrage und die Frage nach Spiritualität gehören, der Raum geschenkt wird, der ihnen zusteht.

Denn wir stellen ohne Zweifel fest, dass der moderne Mensch den größten Teil seiner Möglichkeiten in die technische und wirtschaftliche Entwicklung steckt, während Spiritualität, Innerlichkeit und Werte vernachlässigt werden. Wir leben so durchgehend in der Außenwahrnehmung, nehmen vielfach auch nur die äußere Schicht der Wirklichkeit wahr und sind es gewohnt, unseren Kontakt mit dem Leben über »Äußerung« zu regulieren. Achtsamkeit führt auch dazu, dass wir den Wert der Innerung und die Wahrnehmung der Wirklichkeit aus der Innenschau erkennen.

Innerung als Ergänzung zur Äußerung

Die innere Welt enthält unendliche Weiten und Wege. Darauf weisen die Vielfalt unserer Träume hin, die erstaunlichsten Intuitionen, die Menschen haben, und die außerordentlichsten Phantasien, die Menschen entwickeln. Innerung bedeutet, diese innere Welt wahrzunehmen und zunächst auszuhalten, ohne etwas auszudrücken. Innerung ist ein Weg, der uns zur Erkenntnis des Wesentlichen, des Unseren führt.

Das Wesentliche erkennt man, wenn man weiß, was für uns wirklich wichtig und notwendig ist. Das heißt, wir müssen lernen, unsere inneren Welten zu entdecken und unsere wahren Bedürfnisse zu kennen. Dies ist nur durch Innerung oder den Dialog mit unserem Inneren möglich. Die spirituellen Schulen der Religionen haben verschiedene Hilfen für die Einübung in diesen Dialog entwickelt. Ob es nun die Erfahrungen der Wüstenväter oder die Exerzitien von Ignatius von Loyola sind, die verschiedenen Wege der östlichen Spiritualität oder die Methoden der Psychologie: Es geht immer darum, Inhalte und Emotionen, die unbewusst oder verdrängt sind, bewusst zu machen, anzuschauen und anzueignen.

Die Qualität und Authentizität eines spirituellen Weges erkennen wir daran, ob er uns hilft, ein Gefühl und ein Gehör für die Sprache des Inneren zu entwickeln, und uns mehr und mehr dazu befähigt, Wesentliches vom Unwesentlichen und Dringenden unterscheiden zu können. Das Wesentliche zu leben, die eigenen persönlichen Werte zu erkennen und sich danach auszurichten, die eigenen Bedürfnisse zu spüren und ihnen Raum zu geben, ohne sie durch kompensatorisches Verhalten stillzulegen, bedeutet, achtsam sich selbst gegenüber zu sein. Daran kommen wir auf dem Weg zu einem guten Leben nicht vorbei. Dieser Weg zum Wesentlichen kann nicht nebenbei oder unbewusst gegangen werden. Glauben als Wahrnehmung und Verwirklichung des eigenen Wesens setzt Wille, Bewusstheit und Ausdauer voraus. Der menschliche Wille ist das maßgebende Instrument der Steuerung des inneren Lebens. In der Psychosynthese wird diese Fähigkeit als unumgängliche Vorgabe und Begleitung menschlicher Entfaltung gesehen. Bewusstheit und Achtsamkeit ist die Schulung der inneren Wahrnehmung, die uns Schritt für Schritt zu einer klareren und ehrlicheren Erkenntnis der inneren Welt und ihrer Vorgänge führt. Ausdauer entsteht aus der Erkenntnis, dass der innere Entfaltungsprozess Geduld und Zeit braucht. Ausdauer weiß auch um die Wahrheit, dass wir nie ankommen und trotzdem nicht nachlassen dürfen, zu suchen und auf dem Weg zu bleiben.

Die Wirklichkeit der Gottesbilder

Wenn wir der Frage nachgehen wollen, wie Glauben als menschliche Einstellung auf die Lebensbewältigung wirkt, kommen wir nicht umhin, ihn als inneren Prozess zu bedenken und darzustellen. Die Psychologie beschäftigt sich, je nach Ausrichtung, auch mit dem Glauben, versucht die inneren Bewegungen zu beschreiben, die der Glauben auslöst, und gleichzeitig zu beobachten, ob diese Bewegungen die Entwicklung des Menschen und seine sozialen Interaktionsfähigkeiten fördern oder hemmen. Während Sigmund Freud eine durchaus negative Einstellung zur Wirkung von Religiosität und Glauben hatte, gibt es inzwischen viele Strömungen in der Psychologie, die Religiosität und Glauben einerseits als eine sehr positive innere Kraft sehen, aber andererseits Formen des Glaubens identifizieren, die die Entwicklung der Persönlichkeit und dementsprechend auch gelingende soziale Integration behindern.

Verschiedene Studien über die Wirklichkeit und Funktion der Gottesbilder gehen davon aus, dass Gottesbilder, seien sie bewusst oder unbewusst, Auswirkungen auf unsere Lebensdeutung und Lebensbewältigung haben. Das jeweilige Gottesbild löst in uns nämlich eine Dynamik mit eigenen Gedanken, Gefühlen und Energien aus, welche die Entwicklung des Lebens beeinflussen und dadurch auch den Beitrag, den einzelne Menschen und Gruppen zur Entwicklung einer Gesellschaft leisten.

Wenn wir achtsam mit unserem Leben umgehen und die Anregungen beobachten, die im Laufe unseres Lebens in uns entstehen, müssen wir uns wohl immer wieder fragen, woher die tiefen Fragen kommen. Woher kommt die Sehnsucht, in unserem Leben immer wieder neu nach dem Wahren und Wesentlichen zu suchen? Wie immer wir diese Wirklichkeit bezeichnen, sie ist in unserer Tiefe und überschreitet unser Leben; sie scheint aus uns zu kommen und ist doch schwerlich nur auf die eigenen Fähigkeiten und Bedürfnisse zurückzuführen. Aus religionspsychologischer Sicht können diese inneren Anregungen als Funktion des Gottesbildes verstanden werden. Wir können uns diese als eine Metastruktur der Seele vorstellen, die eine Pilotfunktion ausübt und uns begleitet.

Eine im angelsächsischen Raum sehr stark wahrgenommene Untersuchung (Rizzuro) zeigt, dass das Gottesbild einerseits vernachlässigt und verdrängt werden kann, dass es aber an zentralen Punkten des Lebens, bei Übergängen und Krisen (z. B. Geburt, Jugend, Trauung, Pensionierung, Krankheit und Tod) auf alle Fälle zum Vorschein kommt.

Für Kirchen und Seelsorge entsteht an solchen Punkten eine besondere Herausforderung. Da die offiziellen Gottesbilder, die sich im Dogma, in biblischen Texten und in der Liturgie ausdrücken, mit den persönlichen Gottesbildern in der Regel nicht übereinstimmen, ist eine schwierige Integrationsleistung oder Übersetzungsarbeit zu vollbringen. Dabei geht es nicht darum, dass man die Menschen dort abholt, wo sie sind, um sie dahin zu bringen, wo die Kirchen sie haben wollen – das meinen Kirchenleute, die von der unbestrittenen Überlegenheit der Botschaft der eigenen Kirche überzeugt sind. Es geht auch nicht darum, die Glaubensinhalte so zu verändern, dass sie leichter verstanden werden. Nein, es geht darum, die Gottesbilder der Menschen ernst zu nehmen und sie darin zu unterstützen, ihr Leben aus dem Vertrauen auf die Kraft der je individuellen Gottesbilder zu gestalten.

Ein komplexes, schwer zu verstehendes, aber eben trotzdem unbedingt zu beachtendes Thema ist der Zusammenhang zwischen Religiosität und Gewalt. Wie ist es z. B. möglich, dass die USA, welche eine sehr hohe Präsenz von religiösen Gruppen, Strukturen und religiöser Praxis aufweisen, in der Statistik von Gewaltverbrechen, gerade auch bei Familien und Strukturen mit religiösem Hintergrund, weltweit fast am höchsten rangieren (Ganzevoort, 315)? Dass in einem Kontext, in dem so viel von Liebe, Frieden und Gerechtigkeit die Rede ist, Gewalt und Missbrauch so stark präsent sind, ist schwer zu verstehen, weist aber auf alle Fälle darauf hin, dass die Entwicklung und Gestaltung der Gottesbilder gesellschaftlich und kulturell beeinflusst und zu verantworten ist.

Jenseits der grundsätzlichen Möglichkeit, dass die Gottesrepräsentation sich als Schatten ausdrücken und deshalb negativ und destruktiv sein kann, ist auch zu sagen, dass die offiziellen Religionen und die Kirchen in den seltensten Fällen auf die individuellen Gottesbilder eingehen, und das ist der Grund dafür, dass Religion als Lebensbegleiterin oft scheitert: »Das Grundversagen der Religion besteht darin, dass sie nicht in der Lage ist, den ›offiziellen Gott‹ mit dem persönlichen ›lebendigen Gott‹ zu verbinden. Dieses Versagen löst bei den Menschen Zorn aus, und zwar umso mehr, je mehr dieses Versagen geleugnet wird« (Belford, 175). Die Religionen sind ständig versucht, Gott auf Räume, Zeiten und Riten, die sie selber gestalten, einzuengen. Aber glauben ist eben wesentlich ein persönlicher Prozess, der vielfach die Unterstützung von außen braucht.

Die Verkündigung und die Praxis Jesu bestanden grundsätzlich darin, aus »gottlosen« Räumen, Zeiten und Zeichen gotterfüllte Räume, Zeiten und Zeichen zu machen. Die heiligen Texte der Religionen, auch die Bibel, zeigen immer Versuche, das Gottesbild in das alltägliche Leben zu übersetzen. So entstehen Bilder, in denen Gott sehr konkrete Formen und Lebensfunktionen (etwa in den Psalmen: Braut, Vater, Hirte, Mutter) annimmt. Auch die Gleichnisse Jesu sind solche Übersetzungsversuche, die spontan ansprechen. Sein Beispiel sollte Anregung sein, diesen Versuch immer neu zu wagen. Denn jede Zeit muss immer wieder aufs Neue versuchen, Tradition und Lehre oder die großen Begriffe des Christentums in die Gedanken und Bilder der gegenwärtigen Zeit zu übersetzen. Meines Erachtens sind Bilder und Prozesse der Natur immer noch und immer wieder am besten geeignet, um die Kraft des Lebens, die in uns wirkt, darzustellen.

In Imaginationsübungen, wie sie auch die Psychosynthese zur Unterstützung von Wachstum und Ermutigung benutzt, werden solche Bilder verwendet (z. B. die Interiorisierung eines Sonnenauf- oder Sonnenunterganges, das Wachstum eines Baumes, die Entwicklung eines Samens, die Erfahrung einer Bergwanderung usw.). Diese Bilder wirken und funktionieren unter anderem deshalb, weil sie den natürlichen Gesetzlichkeiten, aufgrund derer Seele und Leib funktionieren, am ehesten entsprechen.

Übung für die Seele: Wie ein Baum im Leben stehen

Sich mit Bildern zu identifizieren erzeugt jene Kraft, die wir unbewusst mit dem Symbol oder Bild verbinden.

Wir können uns alle einen schönen starken Baum vorstellen. Der Baum ist das Symbol für unser Leben, das in geheimnisvoller Weise die Kräfte der Tiefe und die Kräfte der Höhe integriert. Über die Wurzeln ist der Baum mit der Erde verbunden. Aus ihr holt er Salze, Minerale und Feuchtigkeit; wenn die Wurzeln tief sind, überlebt ein Baum auch lange Trockenzeiten unbeschadet. Der Stamm, die Äste, die Blätter oder die Nadeln ragen in den Himmel hinein und verwandeln mithilfe von Licht, Luft und Feuchtigkeit die Substanzen, die über die Wurzeln angesogen werden, in Wachstum, Frische und Leben. Sich mit einem Baum zu identifizieren, kann eine ungeahnte Energie auslösen. Ich lade dich zu folgender Übung ein:

Nimm dir etwas Zeit, stelle dich an einem ruhigen Platz im Freien oder im Haus hin, atme einige Male tief ein und aus, schließe deine Augen und gib dich folgender Vorstellung hin: Stelle dir vor, es ist ein herrlicher Frühlingsmorgen und du bist ein wunderschöner, wuchtiger Baum. Es ist noch nicht ganz Tag, aber die Sonne steigt im Osten langsam, langsam hoch. Du spürst, wie du über die Wurzeln tief in die Erde hineinragst und wie die Wurzeln in der Erde einen großen weiten Kreis um den Stamm herum bilden. Dieses Bild vermittelt Standfestigkeit und Tiefe. Dein Leben reicht wie der Baum tief in das dunkle, lebensstiftende Geheimnis des Lebens hinein und das Wurzelgeflecht gibt dir Sicherheit und Standfestigkeit. Lass dieses Bild des Verwurzelt-Seins und der Standfestigkeit in dir wirken. Spüre, wie gut dir das Gefühl der Sicherheit und der Tiefe tut, und wisse: Das und so bin ich auch – tief verwurzelt und stark.

Dann fühle den Stamm des mächtigen Baumes an. Das ist dein Wesen, dein Charakter, deine Geschichte, das, was du im Laufe des Lebens geworden bist, was du erworben und geleistet hast. Stelle dir die Mächtigkeit und Stärke des Stammes vor und lass die Kraft dieses Bildes in dir und auf dich wirken.

Richte jetzt deine Aufmerksamkeit auf die Krone des Baumes, die Äste, die Blätter oder die Nadeln. Der Wipfel, der in den Himmel hineinragt, erinnert an die Erhabenheit deines Lebens: Auch du reichst mit deinem Leben in die Tiefe des Himmels hinein; dieser Kontakt weckt die Sehnsucht nach der Weite und Güte des Lebens, unerwartete Erkenntnisse und Einsichten zu erhalten, in den unendlichen Raum des Himmels hineinzureichen. Nimm diese Verbindung zum Himmel, zu deiner Höhe und Unendlichkeit wahr und lass sie in dir und auf dich wirken.

Die feinen Äste, die Blätter oder die Nadeln sind Ausdruck der Beweglichkeit und der Sensibilität. Du nimmst Kontakt auf mit den feinen Bewegungen des Lebens um dich herum und in dir. Du lässt dich ein auf den Wind, die Sonne, den Regen und den Schnee. Über die Vielseitigkeit dieser Erfahrungen wird dein Leben beweglich. Aber du spürst in der Bewegung auch den Kontakt zu den Ästen und zum Stamm. Spüre, was dieses Bild in dir bewirkt.

Bleibe so lange wie du möchtest in der Identifikation mit diesem Bild, spüre die Kraft, die davon ausgeht, und verankere sie in dir.

Öffne, wenn du die Übung abschließen möchtest, deine Augen und nimm die Kraft dieses Bildes in den Alltag hinein.

Glauben in einer transmodernen Gesellschaft

Unser Leben und unser Glaube sind nicht nur von natürlichen Gesetzen bestimmt, sondern auch von der gesellschaftlichen, kulturellen und politischen Entwicklung. Mihaly Csikszentmihalyi nennt die natürlichen Vorgaben »genetische Instruktionen« und die Bedingungen, die eine Gesellschaft für die Lebensverwirklichung vorgibt oder liefert, »kulturelle Instruktionen« (Csikszentmihalyi, 1991, 30).

Die gegenwärtige kulturelle Situation der Menschen wird vielfach als transmodern gedeutet. Dazu einige Gedanken, wie es zu diesem Begriff kam.

Der Modernismus hatte sich im späten 19. Jahrhundert entwickelt und kann, kurz zusammengefasst, beschrieben werden als Haltung oder Überzeugung, dass vor dem Hintergrund der Entwicklung der Industrie die traditionellen Vorstellungen von Gesellschaft, Kunst, Politik und Religion radikal neu zu gestalten seien. Die Postmoderne entstand im ausgehenden 19. und im 20. Jahrhundert als Widerstand gegen den Modernismus. Die Vertreter der Postmoderne stellen sich gegen das unkritische Innovationsstreben der Moderne und kritisieren diese Einstellung als unreflektierten Grundsatz.

Der Transmodernismus (Enrique Dussel) ist seinerseits wieder eine Kritik des Postmodernismus, greift Gedanken des Modernismus wieder auf, kritisiert diese aber auch und integriert Spiritualität, z. T. auch esoterische und marxistische Weltanschauungen.

In der Tat spricht man heute vom »Megatrend Spiritualität« und meint damit, dass das Spirituelle in immer mehr Bereiche hineinwirkt. Megatrends sind gesellschaftliche Bewegungen, welche tief greifende und nachhaltige gesellschaftliche Veränderungen auslösen, einen ganzen Kulturraum betreffen und mehrere Jahrzehnte andauern.

Da die Religionsgemeinschaften in der Moderne die Definitionsmacht (Fürst/Wittram, 205) über die Bedeutung und die Funktion von Religion und Glaube verloren haben, wird es zur schwierigen Herausforderung, dass jetzt einzelne Menschen die Frage der Sinnentwicklung und der Lebensbewältigung immer mehr selber zu leisten haben. Die spirituelle Wende ist auch Ausdruck der Eigenverantwortung für die innere Erfahrung und passt zu dieser Herausforderung und der eigenständigen Lösung. Die Wandlung der europäischen Gesellschaften von einer vormodernen zu einer postmodernen und schließlich zu einer transmodernen Form verändert also wesentlich die Beziehung der Menschen zu den religiösen Systemen und vor allem zur Funktion, die diese für das Individuum und die Gesellschaft haben.

Während die Beziehung zu den christlichen Religionsgemeinschaften in der vormodernen Zeit von Kirchlichkeit geprägt war und sich in der postmodernen Zeit in Subjekthaftigkeit ausdrückt, stellt die transmoderne Haltung die Frage der gesellschaftlichen Relevanz von Religion und Glaube grundsätzlicher (Fürst/Wittrahm, 206).

Von der Funktion, welche die Kirchen für die Menschen in den verschiedenen Kulturformen hatten, kann gesagt werden, dass die Kirchlichkeit in der Vormoderne einen von der gesamten Gesellschaft mitgetragenen Raum ausmachte, welcher dem Menschen Heimat, Sicherheit und Kontinuität bot. Die postmoderne Zeit fordert, dass der einzelne Mensch sich selbst für oder gegen das Religiöse entscheiden muss, während die transmoderne Gesellschaft vom einzelnen erwartet, dass er mit seinem Leben darauf verweist, welche Bedeutung Religion und Glaube haben.

In dieser transmodernen Gesellschaft muss der Glaube einerseits transformationsfähig sein und andererseits eine bestimmte Bewährungskraft aufweisen können und muss in all diesen Herausforderungen den Aspekt der persönlichen Berufung durchklingen lassen können (Englert, zit. nach Fürst/Wittrahm, 207). Das heißt, dass der Mensch Glaube und glauben als persönliche Berufung zu gestalten hat, deren Sinnhaftigkeit und Funktion für das Leben nicht mehr von einer gesellschaftlich omnipräsenten Kirche bestätigt wird, sondern deren Sinnhaftigkeit die Gläubigen vor sich und der Gesellschaft zu erweisen haben. In diesem Sinn spricht der Religionssoziologe Peter Berger vom »häretischen Imperativ« und meint, wer sein Leben religiös deuten und leben will, muss in der Transmoderne in gesellschaftlicher Häresie leben. Dies kann eine prophetisch-kritische Distanz zu den gegenwärtigen Werten und ihren Lebensstilen fordern.

Um Glauben in einer solchen Eigenständigkeit leben zu können, genügt der sogenannte synthetisch-konventionelle

Glaube nicht. Denn dieser spiegelt die vormoderne Form der Kirchlichkeit wider. Postmoderne und transmoderne Glaubensformen verlangen Subjektivität, Eigenständigkeit und Reflexion, damit sie in der modernen Lebensauffassung einen Raum und eine Funktion haben können. An dieser Stelle erkennt man, wie aktuell die reformatorische Idee von Glauben ist und dass die innere Kernmotivation der Reformation in der Weiterführung und Unterstützung von Subjektivität, Eigenständigkeit und Reflexion dem Christentum in der aktuellen schwierigen Situation einen großen Dienst leisten könnte. Vielleicht können nur Kirchen, welche die reformatorischen Merkmale der Eigenständigkeit, der Freiheit und der Verantwortung in ihre Fundamente geschrieben haben, diese Leistung erbringen, ohne an sich Verrat zu üben. In diesem Sinn ist der reformatorische Impuls auch ein wichtiger ökumenischer Beitrag für das Christentum.

Achtsamkeit als selbstverantwortete Glaubenspraxis

Achtsamkeit ist eine Geisteshaltung, die darauf bedacht ist, bewusst und aufmerksam mit den inneren Bewegungen der Seele und dem, was um uns herum geschieht, umzugehen. In der europäischen Kultur- und Geistesgeschichte war Achtsamkeit als Begriff in der Religion, in der Spiritualität oder in der Philosophie über Jahrhunderte weitgehend bedeutungslos. Erst in den vergangenen Jahrzehnten führt das Interesse an Achtsamkeit Spiritualität, Psychologie, Pädagogik und Psychosomatik in dem Anliegen einer bewussten oder achtsamen Lebensgestaltung zusammen.

Die Übung der Achtsamkeit (*mindfulness*) kommt aus der buddhistischen Meditationstradition. Achtsamkeit bedeutet, ganz bei der Sache zu sein, die Aufmerksamkeit so zu kontrollieren, dass wir nicht bei den Ursachen (warum tue ich etwas) und Zielen (wozu tue ich etwas) unserer Tätigkeit sind, sondern nur beim Tun an sich. Somit hat Achtsamkeit mit der Fähigkeit zu tun, unsere Gedanken, Gefühle und Verhaltensimpulse ohne Urteil und Bewertung zu beobachten und – zunächst – keine Verhaltenskonsequenzen abzuleiten. Die Kunst der Achtsamkeit besteht auch darin, das zu sehen und wahrzunehmen, was ist, und nicht, was man gerne hätte oder was sein sollte (Reuster, 1).

Obwohl Achtsamkeit an sich also einfach ist, ist es nicht leicht, sie zu leben und zu erleben. Unser Geist hat die Tendenz, ständig vorauszuschauen, alternative Handlungen auf dem inneren Schirm zu haben und viele Dinge gleichzeitig tun oder im Auge behalten zu wollen. Multitasking spaltet unsere Aufmerksamkeit und erzeugt Stress. Nachdem der Mensch diese Fähigkeit nun einmal hat, ist anzunehmen, dass er in der Lage ist, zeitweise so zu leben. Doch sie gehört in Ausnahmesituationen wie Flucht, Angriff oder Verteidigung. In solchen Situationen kann es überlebenswichtig sein, vieles gleichzeitig zu tun, die Aufmerksamkeit zu teilen. Die moderne Kultur verlangt aber von uns, diese geballte psychische und physische Energie, die für Notfälle und begrenzte Zeit vorgesehen ist, als Dauerleistung zu erbringen. Und das ist die Ursache dafür, dass wir in unserem Leben Stress entwickeln und uns von unserem wahren Wesen abspalten.

Achtsamkeit ist Einsatz und Arbeit gegen diese Kultur. Die erste Frage der Achtsamkeit heißt: »Kann ich Gedanken beobachten, ohne sie zu beurteilen?« Diese Fähigkeit ist auch die Voraussetzung dafür, andere Menschen echter wahrnehmen und bedingungslos annehmen zu können. Die zweite Einladung der Achtsamkeit heißt, Gefühlen ihre Energie zu lassen, sie wahrzunehmen, ohne Negatives sofort vertreiben und Angenehmes halten zu wollen. Des Weiteren geht es in der Übung der Achtsamkeit darum, den eigenen Gefühlen zu trauen und nicht zu erwarten, dass andere oder ein gesellschaftliches oder auch religiöses System uns hilft, die innere Erfahrung zu beurteilen. Achtsames Leben fordert schließlich, den Wert des Nicht-Strebens zu entdecken. Denn aus dem Nicht-Streben entwickelt sich Sein, aus dem Streben Tun. Indem wir nicht urteilen und verurteilen, klammern wir uns auch nicht an Verletzungen, die uns andere vielleicht zugefügt haben, lernen alte Wertungen nicht auf neue Situationen zu übertragen, werden dadurch frei und können vergeben.

Die Kunst der Achtsamkeit besteht unter anderem darin, zwischen Gedanken, Gefühle und körperliche Regungen, die meistens einen Handlungsimpuls auslösen, einen Augenblick des Nichtstuns zu schieben, in dem wir nur beobachten, ohne zu bewerten und etwas anderes zu wollen. In der Praxis der Meditation halten uns vorgegebene Zeitrahmen, die Einstellung und die körperliche Position davon ab, den Handlungsimpulsen nachzugeben, und helfen dabei, die Übung der Beobachtung fortzusetzen. Aber auch im Alltag ist es möglich, wenn wir unser Bewusstsein in der Achtsamkeit schulen, solche Augenblicke des Nichtstuns einzuschieben. Die Erfahrung wird uns bald lehren, dass uns diese Pausen zwischen den Gedanken, Gefühlen und Handlungen oft vor falschen und unbedachten Entscheidungen bewahren und uns mitten im Leben ein Fenster zur Lebendigkeit öffnen.

Es ist menschliche Eigenart, dass wir unser Leben nach Mustern und Schemata führen und organisieren. Diese Schemata können vollkommen gesund und normal sein, sie können aber auch Belastung erzeugen oder krank machende Ablaufpläne enthalten. Muster und Schemata verdichten sich im Laufe des Lebens und lassen uns eine Art strukturierte oder erstarrte Erfahrung der Wirklichkeit erleben. Allerdings ist der Mensch dieser Gesetzlichkeit nicht ohnmächtig ausgeliefert. Die Aufmerksamkeit auf das Entstehen der Gedanken und Gefühle zu richten und so die Wirklichkeit im Entstehen zu erleben, ist ein Weg, sich der eigenen Verhaltensmuster bewusst zu werden und an ihnen zu arbeiten. Wenn wir es lernen, uns an diese Quelle der Entstehung unserer Wirklichkeit und unseres Erlebens zu setzen und dort innezuhalten, entdecken wir, dass angenehme und unangenehme Gedanken und Gefühle einerseits auch von uns erzeugt werden und andererseits vergänglich sind. Diese Erfahrungen ermöglichen eine bestimmte Distanz unserem Erleben gegenüber, die unangenehmen Empfindungen verlieren damit ihre Macht.

Wenn Achtsamkeit im therapeutischen Setting Anwendung findet, kann erfahren werden, dass auch negativen Gedanken, Gefühlen und Erinnerungen offen, freundlich und akzeptierend begegnet wird; das entkräftet offensichtlich die Verdrängungs- und Leugnungsimpulse (Reuster) und setzt viel Energie frei, welche ein anderes Erleben entstehen lässt. Die Akzeptanz der inneren Erfahrung ist eine

Haltung, welche therapeutische Einsicht und menschliche Reifung fördert. Die Entstellung und Deutung dessen, was wir innerlich erleben, gehört zu den unbewussten Abwehrmechanismen, ist »normaler« Teil alltäglichen Lebens, verhindert aber, dass wir uns und unser Leben möglichst so erleben und leben, wie es ist. Denn nur dadurch wird es lebendig und werden wir authentisch.

Achtsamkeit ist eine zentrale Übung aller spirituellen Wege. Wenn Jesus sagt: »Das Reich Gottes ist mitten unter euch« (Lukas 17,21) und jeder Tag habe seine eigene Plage – aber wohl auch eigene Chancen und Freuden (Matthäus 6,34) –, dann lädt er dazu ein, die Aufmerksamkeit auf das Hier und Jetzt zu richten und uns so vom Grübeln über die Vergangenheit und vom Phantasieren über die Zukunft zu befreien. Glauben und Achtsamkeit hängen insofern zusammen, als dass Achtsamkeit eine Form des Glaubens ist, voraussetzt und ermöglicht. Glaube ist ja, wie hier vielfach beschrieben wurde, eine Haltung, die uns ermutigt zu vertrauen, dass wir gewollt und getragen sind und dass Entfaltung und die Verwirklichung unseres Wesens und unserer einmaligen Berufung ein wesentlicher Auftrag unseres Lebens ist. Glaube ist die Wahrnehmung dieser Perspektive; Achtsamkeit ist die Fähigkeit, die Gedanken und die Gefühle, die uns helfen in dieser Spur zu bleiben, bewusst zu beobachten und zu begleiten.

Achtsamkeit als alternative Kraft zur Lebensbewältigung

Verstehen wir das Erlernen und die Übung der Achtsamkeit als Lebensschule oder Hilfe für die Bewältigung des Lebens, so bringt der Hintergrund, aus dem die Weisheit der Achtsamkeit entstanden ist, zusätzliche Anregungen, um den Wert eines achtsamen Lebens zu erkennen. Achtsamkeit als innere Haltung ist dem Buddhismus entwachsen, dessen primäres Ziel es ist, das Leiden, welches unweigerlich mit unserem Leben zusammenhängt und das jede und jeder von uns durch viele Verhaltensweisen vermehrt, aufzuheben.

Leid und Verstrickung in unangenehme Situationen gehören in der Tat unausweichlich zu unserem Leben. Trotzdem würden Menschen aus dem europäischen Kulturkreis kaum sagen, dass der Sinn unseres Lebens in der Befreiung vom Leid liegt. Der Sinn des Lebens ist aus unserer Perspektive eher Entfaltung. Aber Befreiung vom Leiden und Entfaltung müssen sich nicht ausschließen; sie können sich ergänzen und die Grundbewegungen des Lebens neu erschließen. Glauben, so können wir in diesem Zusammenhang nochmals mit anderen Worten zusammenfassen, hat mit der Überzeugung zu tun, dass mein Leben und alle Formen des Lebens von einem tiefen Sinn und einer weiten Liebe, die wir Gott nennen können, getragen ist. Achtsamkeit, die sich vor dem Hintergrund dieses Glaubens entfaltet, schaut aus einer nicht urteilenden und gelassenen Haltung auf das, was im Leben geschieht. Das bedeutet nicht, dass uns im Leben nichts Schweres, Leidvolles oder Unangenehmes passieren kann. Achtsames Glauben oder gläubige Achtsamkeit ermöglichen uns aber, dass wir die Ereignisse des Lebens aus einer weiten Perspektive wahrnehmen, statt den Horizont ständig mit der Brille der Lebensereignisse zu sehen.

Wenn der weite Horizont fehlt, die große Liebe, die wir Gott nennen können, werden die Ereignisse des Alltags – die Mühe der Arbeit, die Last der Erziehung und der Beziehung, der Konflikt mit dem Nachbarn, die ideenlose Politik, aber auch die Freuden und kleinen Wünsche, die wir haben und uns erfüllen – zu Grundfaktoren, die unser Lebensgefühl bestimmen. Wenn ich aber die gleichen Ereignisse im Horizont des Glaubens und der Achtsamkeit wahrnehme, erhalten sie ihre Bedeutung von dort. Eine Folge davon ist normalerweise, dass unangenehme Ereignisse keine so hohen Wellen in meinem Erleben auslösen können und eine größere Standfestigkeit bewirken. Positive Umstände kann ich dankbar annehmen, brauche sie aber nicht festzuhalten oder ein grundsätzlich gutes und zuversichtliches Lebensgefühl von ihrer ständigen Anwesenheit abhängig zu machen.

In der Praxis der Meditation lernt man unter anderem, das Leben, unsere Tage und Jahre wie einen großen Strom, der an uns vorbeifließt, aus einer neutralen Schau zu beobachten.

Wenn wir das können, identifizieren wir uns weder mit dem Fluss noch mit den Gegenständen, die der Fluss mit sich führt: Der Fluss ist das Leben, die Gegenstände sind die Ereignisse des Lebens.

Wenn ich aus dieser Sicht feststelle, dass der Fluss etwas Großes und Weites ist, das ich weder umlenken noch aufhalten noch beschleunigen kann, und die Gegenstände, die der Strom mit sich führt, das Bild für die Ereignisse des Lebens sind, entwickeln wir ihnen gegenüber ganz andere Gefühle und Gedanken. Die emotionale Reaktion wird ausgeglichener, die Gedanken neutraler und unser Bezug zu Themen und Ereignissen wird reifer und authentischer. Das heißt nicht, dass wir den Ereignissen des Lebens gegenüber gefühllos und gleichgültig werden, das ist achtsames und gläubiges Wahrnehmen der Lebensumstände auf keinen Fall.

Durch die Achtsamkeit können wir lernen, die Bewegungen und Themen unseres Lebens aus zwei Perspektiven wahrzunehmen. Einerseits aus der Perspektive der Nähe oder Innensicht, andererseits aus jener der Distanz oder Desidentifikation. Bei der ersten Form können wir in die Gedanken und Gefühle, die Ereignisse auslösen, hineingehen, Teil von ihnen sein und werden. Wir sagen ja: »Ich bin zornig«, »Ich bin glücklich« oder »Ich bin einsam«, und meinen damit, dass uns dieses Gefühl ganz bestimmt, dass wir so intensiv von ihm erfüllt werden, dass wir uns mit ihm identifizieren.

»Ich bin glücklich« kann aus der anderen, distanzierteren Perspektive heißen: »Ich bin jetzt dankbar, dass ich glücklich bin – es wird aber nicht immer so sein; weil ich aber ab und zu wirklich glücklich bin, kann ich auch das Unglücklichsein annehmen.« Wenn ich einsam bin, kann ich sagen: »Jetzt bin ich einsam; es wird vielleicht und muss nicht immer so bleiben, und weil ich auch andere Erfahrungen gemacht habe, kann ich sagen, ich bin nicht Einsamkeit, sondern ein Teil von mir fühlt sich jetzt einsam und das kann ich ertragen.«

Die Kunst des weisen Lebens besteht darin, zwischen diesen Perspektiven hin- und herpendeln zu können. Wir können das Leben nicht ständig aus einem weiten und neutralen Horizont erleben und deuten, das würde uns apathisch und gleichgültig werden lassen. Aber wir können unser Erleben auch nicht nur von den je aktuellen Ereignissen und Umständen bestimmen lassen; dies würde uns unstabil, hektisch und abhängig machen. Wenn wir lernen, die zwei Wahrnehmungsebenen zu integrieren bzw. zu wissen, dass wir das, was uns geschieht, immer auf beiden Ebenen wahrnehmen können, werden wir eine intensive, gelassene und zuversichtliche Lebenswahrnehmung entwickeln. Und wahrscheinlich gibt es kaum eine bessere Strategie für die Bewältigung der Lebensaufgaben und dem gegenüber, was das Leben uns zutrauen und schenken will.

Übung für die Seele: Zu sich und für etwas stehen können

Das zu tun, was alle oder viele tun, ist üblich. Wir denken selten darüber nach, ob etwas auch mit unserer Lebensphilosophie, unseren Werten und Überzeugungen übereinstimmt.

Wir werden aber wir selbst, wenn wir ab und zu den Mut haben, gegen den Strom zu schwimmen, wenn unsere innere Einstellung das erfordert. Wir sind noch keine Quertreiber/innen, wenn wir dies hin und wieder machen.

Ich lade dich zu folgender Übung ein: Erinnere dich, wann du in den letzten Tagen, Wochen oder Monaten halbherzig zu etwas Ja oder Nein gesagt hast. Was war deine wirkliche Überzeugung zu diesem Thema oder Problem?

Was hätte geschehen können, wenn du dich – vielleicht zunächst allein – gegen den Trend gestellt hättest? Es hätte vielleicht die Diskussion angeregt, eine Entscheidung hinausgeschoben.

Aber was hätte es mit dir getan? Wären Menschen – Freunde, Bekannte, Mitarbeiter – von dir enttäuscht, vielleicht überrascht gewesen? Vielleicht hättest du bald Alliierte, vielleicht würden Menschen über deinen Mut staunen.

Wenn deine eigene Haltung aber zunächst, vielleicht auch mittel- und langfristig, dir nichts bringen würde, würdest du sie trotzdem vertreten, aus Respekt vor dir selbst?

Fühle nach, was das mit dir machen würde. Könntest du mit dem möglichen Alleinstehen umgehen?

Wir sollten ab und zu versuchen, diese Erfahrung zu machen. Meistens erleben wir darin die Kraft unserer Seele und dieses Erleben können wir auf viele Erfahrungen im Leben übertragen.

Glauben und Achtsamkeit im Schatten des Lebens

Leiden gehört zu den nicht vermeidbaren Erfahrungen des Lebens und zu seinen größten Herausforderungen. Oft wird Leiden durch eine Krankheit ausgelöst, oft hängt es mit der Erfahrung eines sinnlosen Lebens zusammen, oft fügen es Menschen einander zu, meistens kennen wir seine Ursachen nicht und sehr oft trifft es schuldlose Menschen.

Achtsamkeit und gläubige Deutung der Erfahrung von Leid oder Krankheit verringern das Leid nicht, aber die Haltungen, zu denen sie anregen, können helfen, besser mit Leid und Krankheit umzugehen. Glaube und Achtsamkeit können dazu beitragen, dass Leid, Krankheit und Krisen eine unerwartete Vertiefung und Entfaltung des Lebensgefühls bewirken.

Wenn uns ein Leid trifft oder eine Krankheit befällt, wird zunächst unser Lebensrhythmus unterbrochen. Das, was bis vor Kurzem noch normal und wichtig war, wird in den Hintergrund gedrängt, weil plötzlich das neue Thema die gesamte Aufmerksamkeit an sich reißt. Aufgaben und Tätigkeiten, die bislang im Vordergrund standen und die wir nie unterlassen oder aufgeschoben hätten, haben kaum mehr Bedeutung, weil wir mit allen Sinnen bei dem Leid sind, das sich eingestellt hat. Zunächst wollen wir, dass sich die Situation schnell ändert. Wir wollen das Leid so schnell wie möglich beseitigen oder doch betäuben. Denn in unserer Mentalität sind Krankheit und Leid Wirklichkeiten, die scheinbar nicht zum Leben gehören und deshalb anzugreifen und zu beseitigen sind.

In der letzten Zeit kommen aus der Begegnung mit den

spirituellen Traditionen des Ostens neue Anregungen für den Umgang mit Leid, Krisen und Krankheiten. Dies kann z. B. an der Verwendung der Achtsamkeitstechniken in Psychotherapie, Psychosomatik (vgl. Reuster) und Palliativmedizin festgemacht werden. Die Erfahrungen, die mit den spirituellen Angeboten im Umgang mit Leid, Schwierigkeiten und Krisen gemacht werden, beeinflussen inzwischen auch Medizin, Pflegewissenschaften und Psychologie. Dieser alternative Umgang mit Krankheit und Krisen geht unter anderem davon aus, dass wir mitten im Leid eine Wahl haben und so die Macht gewinnen, aus dem Leiden eine Erfahrung der Verwandlung zu machen (Tu, zit. n. Barnes, 1). Leiden wird immer (noch) mehr oder weniger bewusst auf die Tun-Ergehens-Kette und auf die körperliche Dimension reduziert. Tun-Ergehens-Zusammenhang bedeutet, dass wir von uns und anderen denken: Was habe ich getan, dass mich dieses Leid trifft? Was wird dieser oder jene getan haben, dass sie in dieser unguten Situation stecken? Aber aus der ganzheitlichen Sicht auf das menschliche Leiden kann gesagt werden, dass Leiden keine Strafe und Wohlergehen keine Belohnung ist.

Der Hinweis, dass Leiden oft auf die körperliche Dimension reduziert wird, bedeutet nicht, diese Dimension zu vergessen, sondern anzuerkennen, dass es neben dem körperlichen Aspekt des Leidens auch psychische, seelische, spirituelle und soziale Aspekte gibt, die zu bedenken sind.

Die Versuchung ist oft, dass wir die innere oder psychische Dimension durch die beeindruckenden Möglichkeiten, welche die moderne Medizin einsetzen kann, übersehen oder verdrängen.

Leiden hat aber oft mit der Notwendigkeit der Veränderung zu tun. Dabei kann das Leid zur Veränderung drängen oder Teil der Veränderung sein. Alternativ mit diesen Erfahrungen umzugehen heißt, sie zuerst nicht zu leugnen, zu betäuben oder beseitigen zu wollen und auch keine leichte und schnelle Lösung für sie finden zu wollen, sondern die Bereitschaft aufzubringen, ihre Botschaft hören zu wollen. Es gibt viele Beispiele dafür, dass Leid oder Krankheit Menschen zu einer unglaublichen Tiefe und Kostbarkeit des Lebens geführt hat. Peter Barnes (6) erzählt von der Erfahrung eines Olympiaathleten, der in seinen besten Jahren eine zum unmittelbaren Tod führende Krebsdiagnose erhielt. Das letzte Jahr seines Lebens, von dem er wusste und annahm, dass es sein letztes Jahr sei, so berichtet er, war das schönste seiner Lebensjahre und weitaus tiefer und kostbarer als die Teilnahme und der Sieg bei den Olympischen Spielen.

Natürlich kann man diese Erfahrung nicht verallgemeinern. Solches zu erleben oder mit dem Leid so umgehen zu können, ist auch Gnade und kann nicht als Leistung erwartet werden, weder von den Leidenden noch von ihren Angehörigen. Aber zu wissen, dass ein derartiger Umgang mit Leid möglich ist, ist sehr wichtig. Die Möglichkeit, über Angst, Groll und Frustration, die Leiden auslösen kann, reden zu können, ist dabei eine zentrale Voraussetzung dafür, dass das Leid sich verwandeln kann. Diese Erfahrungen aus der Sicht des Glaubens und der Achtsamkeit zu deuten heißt zunächst: ›Krankheit und Leiden haben keinen Sinn an sich, sondern höchstens eine Aufgabe‹. Wie wir mit diesen Erfahrungen umgehen und was wir aus diesen Erfahrungen machen, offenbart das Wesen unserer Seele. Wir können in ihnen auf uns selbst zurückfallen und uns nur mehr um uns selbst sorgen – und sehr viele Menschen tun dies – oder wir können, ohne Schmerz, Krankheit und Leid zu leugnen oder zu bagatellisieren, diese überschreiten. Dies kann geschehen, indem wir den Kampf gegen das Leid aufgeben und die Frage nach dem Sinn zunächst zurückstellen. Denn beide drücken eine Haltung aus, welche Achtsamkeit verhindert.

Achtsamkeit lehrt und fordert, im Hier und Jetzt zu sein. Abwehr und Sinnfrage richten die Aufmerksamkeit auf andere Bereiche; sie sind lösungsorientiert: Die Abwehr ist die verständliche, aber trotzdem nicht weiterführende Ablehnung des Leids. Die Sinnfrage führt, im Zusammenhang mit dem Leid, aus der Präsenz heraus. Denn die Sinnhaftigkeit des Leidens ist auch aus der Sicht des Glaubens nicht begründbar. Leiden, Krise und Krankheit können ihre Botschaft offenbaren, wenn wir ihnen die Zeit und die Möglichkeit dazu geben: Achtsamkeit ist ein Angebot, dies zu tun.

Die Grunderfahrung des Glaubens ist, dass der Mensch getragen und geführt ist, auch und gerade im Leiden und in der Not. Und weil es eine Grunderfahrung ist, offenbart sie sich nicht unmittelbar an der Oberfläche, sondern langsam, Schritt für Schritt. Es kann ja sein, dass eine oberflächliche Lebensgestaltung uns in diese Situation gebracht hat und von uns verlangt, dass wir uns – angeregt durch das Leiden – auf den Grund, in die Tiefe begeben, um zu erleben, dass die Seele uns trägt.

Übung für die Seele: Die andere Sicht von Leid und Leiden

Dass wir uns fragen, woher das Leid kommt, dass wir Leid und leiden vermeiden oder beseitigen wollen, ist allzu verständlich.

Wir versuchen sehr oft auch, die Ursachen des Leidens zu ergründen und denken: »Vielleicht hat er oder sie doch etwas getan, was zur Entstehung der Krankheit, des Leidens oder der problematischen Situation geführt hat; vielleicht ist es Veranlagung, vielleicht ...«

Ich möchte dich zu folgender Übung einladen: Erinnere dich an ein Leid, eine Krankheit oder eine sehr schwierige Situation, die du oder ein dir nahestehender Mensch durchzustehen hatte.

Fühle nach, welcher Unterschied entsteht, wenn du Ursachen dafür ergründest oder einfach denkst: Wenn ich die Ursache wüsste, würde sich das Problem nicht erledigen, das Leid nicht aufhören. Da Wohlergehen und Gesundheit weder Belohnung sind, noch Probleme und Leiden Strafe, ist dies auch wirklich unwichtig und sekundär.

Wie ändert sich das Gefühl, wenn ich mich nur auf das Leid oder das Problem konzentriere, ohne nach dem Warum zu fragen?

Eine weitere Alternative im Umgang mit unseren eigenen Nöten und mit denen der anderen ist das Mitleid. Mitleiden, nicht mitfühlen, unterstellt sehr oft das Gefühl, er/sie hat das nicht verdient und ist nicht in der Lage, das Leid ohne (meine) Hilfe zu bewältigen.

Du könntest dich in solchen Situationen fragen, ob es dir helfen würde, zu wissen, dass der/die Betroffene – aber gegebenenfalls auch du selbst – in der Lage ist, mit seinem Leid oder Problem umzugehen. Dieses Wissen oder diese Intuition macht uns, aber auch die anderen, freier und stärker für die Bewältigung des Problems.

Kannst du dich in eine solche Situation hineindenken und beobachten, was sich ändert, wenn du dir sagst: »Ich weiß, er/sie kann sein Leid oder Problem auch ohne meine Hilfe bewältigen«?

Schlussgedanken

Glaube und Achtsamkeit können eine wirkliche Lebensänderung einleiten. Es erwächst aus ihnen das Gewahrwerden, dass Leben mehr ist als das, was uns eine konsum- und leistungsorientierte Gesellschaft denken lässt. Identität und Selbstwert können nicht nur von dem bestimmt werden, was wir tun, haben oder von unserer Rolle her sind, sondern werden bestimmt von unserer Würde und einem Hintergrund, der jenseits von Leistung, Beziehungen, Erfolg und Gesundheit trägt. Wenn wir diesen Grund erahnen, erkennen wir auch, dass der augenblickliche Gemütszustand, wie es uns geht, nicht das wesentliche Kriterium für ein wertvolles und sinnträchtiges Leben sein muss.

Glaube und Achtsamkeit sind Haltungen, die eine wesentliche Funktion der Seele anregen und bewusst machen: die Vermittlung der Wahrnehmung, dass wir mit allem, was wir sind, gewollt, getragen und begleitet sind. Die Voraussetzungen für diese Wahrnehmung sind vorgegeben und können weder gemacht noch verdient werden. Diese tragende Kraft der Seele zu spüren, hat grundsätzlich nichts mit besonderen Fähigkeiten zu tun, sondern mit Achtsamkeit, Glauben und Vertrauen.

Die hier geäußerten Gedanken sollen Anregung sein und neugierig darauf machen, was für Möglichkeiten achtsames und gläubiges Leben eröffnen kann.

Denn Glauben heißt, eine alternative und zusätzliche Perspektive wahrzunehmen. Es ist nicht ein Zusatz und Mehr an Belastung. Glaube und Achtsamkeit schenken Freiheit und Entlastung. Denn durch Glaube und Achtsamkeit wächst ein Vertrauen, das es mir ermöglicht, weniger Energie in Absicherung, Kontrolle und Leistungsnachweise zu stecken und dafür mehr Raum und Energie für das Wesentliche zu haben. Dieses Bewusstsein löst neues Vertrauen und neue Lebensfreude aus.

Verzeichnis der verwendeten Literatur

Abe, Masao: *What is Religion?*, in: *Eastern Buddhist, 25, 1, 1992, 51–69.*

Alberti, Alberto: *Il Sé ritrovato*, Giampiero Pagnini, Firenze 1994.

Anderssen-Reuster, Ulrike: Was ist Achtsamkeit?, in: Achtsamkeit in Psychotherapie und Psychosomatik. Haltung und Methode, Schattauer, Stuttgart 2007, 1–4.

Armstrong, Karen: Eine kurze Geschichte des Mythos, dtv, München 2007.

Ashbrook, James: *Soul – Its Meaning and Making*, in: *The Journal of Pastoral Care*, 45, 2, 1991, 159–168.

Assagioli, Roberto: Psychosynthese und Transpersonale Entwicklung, Nawo, Rümlang 2008.

Barnes, Peter: *Transforming Illness into Choice: A Spiritual Perspective*, in: *Journal of Pastoral Care & Counseling*, 64, 3, 2010, 1–10.

Barth, Hans-Martin: Die Theologie Martin Luthers. Eine kritische Würdigung, Gütersloher Verlagshaus, Gütersloh 2009.

Bastian, Till: Mythen: Heilsgeschichten für die Seele, in: Psychologie Heute, 1, 2009.

Bastian, Till: Seelenabwanderung, in: Psychologie Heute, 5, 2012.

Belden, Lane: *Myth*, in: *The New Dictionary of Catholic Spirituality*, The Liturgical Press, Collegeville Minnesota 1993, 692–695.

Belford Ulanov, Ann: *The Birth of the Living God: A Psychoanalytic Study*, in: *Union Seminary Quarterly Review*, 36, 2–3, 1981, 173–176.

Belschner, Wilfried & Galuska, Joachim: Empirie spiritueller Krisen. Erste Ergebnisse aus dem Projekt RESCUE, in: Transpersonale Psychologie und Psychotherapie, 1999, 78–94.

Belschner, Wilfried: Tun und Lassen: Ein komplementäres Konzept der Lebenskunst, in: Transpersonale Psychologie und Psychotherapie, 2001, 85–102.

Berger, Peter: Der Zwang zur Häresie. Religion in der pluralistischen Gesellschaft, S. Fischer, Frankfurt 1980.

Clatworthy, Jonathan: *Faith and believing*, in: *Modern Believing*, 48, 4, 2007, 39–44.

Cousins, Ewert H.: *Christ of the 21st Century*, Continuum, New York 1992.

Covey, Stephen R. (u. a.): Der Weg zum Wesentlichen. Zeitmanagement der vierten Generation, Campus, Frankfurt 1998.

Csikszentmihalyi, Mihaly 1991 a: *Consciousness for the twenty-first Century*, in: *Zygon*, 26, 1, 1991, 7–25.

Csikszentmihalyi, Mihaly und Isabella 1991 b: Die Außergewöhnliche Erfahrung im Alltag. Die Psychologie des flow-Erlebnisses, Klett-Cotta, Stuttgart 1991.

Dönges, Sascha & Brunner Dubey, Catherine: Psychosynthese für die Praxis. Grundlagen, Methoden, Anwendungsgebiete, Kösel, München 2005.

Eliade, Mircea: Das Mysterium der Wiedergeburt, Insel, Frankfurt 1997.

Elkins, David N.: *Psychotherapy and Spirituality: Toward a Theory of the Soul*, in: *Journal of Humanistic Psychology*, 35, 2, 78–98.

Feil, Ernst: Religion, in: Religion in Geschichte und Gegenwart. Handwörterbuch für Theologie und Religionswissenschaft VII, Mohr Siebeck, Tübingen 2007, 267–274.

Fudge, Thomas: *Saints, sinners, and stupid asses: The place of faith in Luther's doctrine of salvation*, in: *Communio viatorum*, 50, 3, 2008, 231–256.

Fürst, Walter & Wittrahm, Andreas: Gestalten erwachsener Religiosität, in: Neues Handbuch Religionspädagogischer Grundbegriffe, Kösel, München 2002, 204–208.

Ganzevoort, R. Ruard: *Bookreview – The Destructive Power of Religion. Violence in Judaism, Christianity and Islam*, in: *International Journal for the Psychology of Religion*, 15, 4, 2005, 315–318.

Gerhardt, Volker: Philosophieren im Widerstand gegen die Philosophie, Ringvorlesung Universität Freiburg »Nietzsche als Philosoph der Moderne«, 29. Oktober 2009.

Grünschloß, Andreas: Glaube, in: Religion in Geschichte und Gegenwart. Handwörterbuch für Theologie und Religionswissenschaft III, Mohr Siebeck, Tübingen 2000, 940–943.

Hell, Daniel: Die Wiederkehr der Seele. Wir sind mehr als Gehirn und Geist, Herder, Freiburg 2009.

Hillman, James: Suche nach Innen, Daimon, Einsiedeln 1997.

Hillman, James: Vom Sinn des langen Lebens. Wir werden, was wir sind, Kösel, München 2001.

Hillman, James: Charakter und Bestimmung. Eine Entdeckungsreise zum individuellen Sinn des Lebens, Goldmann, München 2002.

Hillman, James & Ventura, Michael: Hundert Jahre Psychotherapie – und der Welt geht es immer schlechter, Walter Verlag, Solothurn und Düsseldorf 1993.

Hinterhuber, Hartmann: Die Seele: Natur- und Kulturgeschichte von Psyche, Geist und Bewusstsein, Springer, Wien 2001.

Indinopulos, Thomas A.: *What is Religion?*, in: *Cross Currents*, 48, 3, 1998, 366–380.

Irons, William: *Why are Humans Religious? An Inquiry into the Evolu-*

tionary Origin of Religion, in: *Currents in Theology and Mission*, 28, 3–4, 2001, 357–368.

James, William: Die Vielfalt religiöser Erfahrung. Eine Studie über die menschliche Natur, Insel, Frankfurt 1997.

Moore, Thomas: Die Seele lieben. Tiefe und Spiritualität im täglichen Leben, Knaur, München 1995.

Murphy, Tim M.: *God is not One, but »Religion« is: A Critical Reading of Stephen Prothero's God is not one*, in: *Bulletin for the study of Religion*, 40, 2, 2001, 19–25.

Oomen, Palmyre M. F.: *On Brain, Soul, Self and Freedom: An Essay in Bridding Neuroscience and Faith*, in: *Zygon* 38, 2, 2003, 377–392.

Osmer, Richard: *Faith Development*, in: *Encyclopedia of Religious Education*, Harper & Row, San Francisco 1990, 247–253.

Pickel, Gert: Religionsmonitor. Verstehen was verbindet. Religiosität im internationalen Vergleich, Bertelsmann Stiftung, Gütersloh 2013.

Popp-Baier, Ulrike: *Contemporary Western Ethnography and the Definition of Religion*, in: *Implicit religion*, 14, 2011, 499–502.

Raab, Joseph Quinn: *Interpreting the Faith Development of Thomas Merton in Light of Fowler's »Stages of Faith«*, in: *Religious Education*, 94, 2, 1999, 140–154.

Ricca, Paolo: *Uomini e profeti*, Radiosendung des italienischen Rundfunks *Rai 3*, 21. Juli 2013.

Rizzuto, Ana Maria: *The Birth of the Living God. A Psychoanalytic Study*, University Press, Chicago 1979.

Rochelle, Jay: *Letting Go Buddhist and Christian Models*, in: *Eastern Buddhist*, 22, 2, 1989, 27–47.

Schüssler, Fiorenza Francis: *Religion: A Contested Site in Theology and the Study of Religion*, in: *Harvad Theological Review*, 93, 1, 2007, 7–34.

Schwienhorst-Schönberger, Ludger: Theologie und Mystik. Eine Integrationsaufgabe, in: Kontemplation und Mystik, Sonderheft 2, 2002, 15–20.

Thich Nhat Hanh: Das Wunder der Achtsamkeit, Theseus, Zürich 1988.

Tong, Paul K. K.: *A Study of Thematic Differences Between Eastern and Western Religious Thought*, in: *Journal of Ecumenical Studies*, 10, 2, 1973, 337–360.

Ward, Graham: Auf der Suche nach der wahren Religion, Kohlhammer, Stuttgart 2009.

Zulehner, Paul M. & Polak, Regina: Von der »Wiederkehr der Religion« zur fragilen Pluralität, in: Die Österreicherinnen. Wertewandel 1990–2008, Czermin, Wien 2009, 143–206.